¡ESA
MUJER
ERES
TÚ!

Jeannie Lein

ISBN:

Ebook: 978-1-968403-64-5

Paperback: 978-1-968403-65-2

Hardback: 978-1-968403-66-9

Publicado por Red Rock Book Writers

RED ROCK
BOOK WRITERS

DEDICATORIA

Dedico este libro a las mujeres de mi vida.

A mi madre: Eliane Maria

A mi suegra: Clecilda Lein

A mi hermana: Fabiana Cristina

A mis hijas: Emilly, Deborah y a mi nuera Melodi

Y a mi nieta Kalea Lois

SOBRE LA AUTORA

La pastora Jeannie Lein, junto a su esposo, el pastor Henry Lein, es pastora principal y fundadora de Evermore Church, una iglesia multicultural y bilingüe ubicada en la ciudad de Riverside, California.

En los últimos años, Evermore Church ha experimentado un notable crecimiento, posicionándose como un modelo a seguir para muchas congregaciones en el estado y atrayendo la atención de líderes pastorales a nivel nacional.

El ministerio de la pastora Jeannie Lein se caracteriza por una fuerte unción en la adoración y la predicación. Su llamado ha sido respaldado consistentemente por la presencia de Dios, así como por señales y prodigios. Su autoridad espiritual es evidente, y su testimonio ha sido inspiración y desafío para miles de personas, especialmente mujeres, quienes han sido impactadas profundamente a través de sus ministraciones.

Es fundadora del movimiento de mujeres BRAVEHEART, un evento que reúne a mujeres de diferentes trasfondos y naciones, con el propósito de ministrar liberación, sanidad y restauración integral. Su pasión por ver a las mujeres sanadas y transformadas ha sido el motor de este ministerio.

Además de sus responsabilidades como esposa, madre de tres hijos, abuela de cuatro nietos y pastora, Jeannie Lein es consejera familiar, conferencista, salmista, oradora y escritora. Es autora del libro infantil *Juan David y el gran gigante*, así como de diversos artículos publicados en revistas cristianas. También es compositora y cantante, y colabora en consejería en programas de radio y televisión.

En el ámbito musical, la pastora Jeannie ha grabado varias producciones discográficas y videos musicales. Su primer álbum, *Encuentro – Un renacer en Dios*, ha sido fuente de innumerables testimonios de sanidad, liberación, entrega a Dios y restauración familiar. Su segundo álbum, *Haz llover*, fue grabado en Brasil con músicos de renombre del ámbito gospel y fue nominado en 2007 a los Premios ARPA en la categoría Mejor Álbum Vocal Femenino.

Le siguieron producciones como "Aroma", el EP "La Fuerza del Perdón", el EP "Mujer", y la recopilación "Éxitos – Colección de Oro", que reúne sus canciones más destacadas.

Su más reciente trabajo discográfico, fue MUJER COMPLETA que transmite un mensaje profundo y directo al corazón femenino, abordando temas de celebración, clamor, confrontación y liberación.

Actualmente, la Pastora graba su nuevo proyecto "ALTAR", el cual promete transformar el alma y el espíritu.

Finalmente, Jeannie Lein es reconocida no solo por su ministerio, sino también por su integridad personal. Es una mujer sencilla, amorosa, comprometida con su familia, su iglesia y su llamado. Su vida refleja coherencia entre palabra y acción, predicando con el ejemplo, para la honra y gloria de Dios.

Conectar con la Autora:

Instagram: @jeannielein

Facebook: Evermore Ministries

Email: Jeannielein@evermorechurch.com

www.jeannielein.com

www.evermoreministries.org

PRÓLOGO

Gracias querida Jeannie por un libro precioso, lleno de vivencias y recursos para mujeres que quieren triunfar.

En un mundo ansioso por arrastrarnos a la bajeza del machismo o al desubicado movimiento de liberación femenina, que formidable que podamos contar con este libro que nos ubica, nos lleva a la fuente de la felicidad, al propósito de Dios.

Si usted, querida lectora, anhela ser "hermosa, fuerte, valiente y llena de propósito", este es el libro que usted necesitaba leer.

Pero no solo las mujeres; creo que conviene a los hombres también descubrir en estas páginas la clase de mujer que Dios planeó para esposa, madre, hija, que conforman su círculo cercano y evitar los fatales errores de la cultura que nos rodea y podrían impedir que las mujeres a su alrededor vivan en plenitud y que se arruine su propia felicidad como varón.

El más grave error del marxismo ateo no tiene que ver con el sistema político o con la concepción económica del mundo. Su más grave equivocación es, obviamente quitar a Dios del escenario de la vida e inmediatamente quitar la familia como base de la sociedad.

El criminal énfasis en el aborto y últimamente la ideología de género, una de las mayores perversidades de la historia, son evidencias de una descomposición moral que nos ha traído hasta este momento crítico. Momento caracterizado por soledad, ansiedad, insatisfacción y aún, tendencia al suicidio.

Esta joya literaria "Esa Mujer Eres Tú" nos conduce al centro del propósito de nuestra creación y los resultados de encontrarlo; paz, valentía, belleza, fuerzas sobrenaturales y mucho más.

Gracias querida Jeannie por tu trabajo. Pero mucho más que eso, gracias por tu vida, tu liderazgo, tu excelencia, tus convicciones.

Las mujeres de esta generación somos deudoras contigo. Gracias por animarnos a levantar la mirada y hacernos sentir que podemos, con la ayuda de Dios, alcanzar los niveles más altos de belleza y excelencia. Con tus enseñanzas nos abres los ojos para descubrir que el atractivo mayor de la mujer no lo encontramos imitando a Hollywood.

El atractivo mayor, la belleza más cautivadora está al alcance de toda mujer, oficinista o agricultora, estudiante u obrera, limpia platos o maestra de escuela, costurera o deportista, que descubra que "esa mujer descrita en este libro, es ella"; eres tú.

La vida es una verdadera aventura. ¡Resiste a vivirla con aburrimiento o sujeta a patrones culturales que no tienen nada que ver con el Plan de Dios para tí!

Atrévete a vivir tu vida con altas expectativas. Tu verdadera autoestima la descubrirás en el Plan de Dios para tí.

Bienvenida a la lectura que tiene el potencial de cambiar tu futuro para siempre.

Con amor y admiración.

Noemí L. Mottesi

TABLA DE CONTENIDO

ORACIÓN DE UNA MUJER POR SABIDURÍA Y GUÍA

Vamos a orar antes de comenzar a leer este libro. Ora conmigo así:

Señor amado,

Me acerco a Ti con humildad, reconociendo que toda sabiduría y todo entendimiento vienen de Dios.

Hoy pongo delante de Ti este tiempo de lectura al tener este libro entre mis manos.

Padre celestial, que me concedas discernimiento para comprender cada palabra y entender con claridad lo que Tú deseas mostrarme a través de estas páginas.

Espíritu Santo, sé Tú mi guía, ilumina mi mente y abre mi corazón para recibir enseñanzas que edifiquen mi vida como mujer, y que me acerquen más a Tu propósito y a la identidad que Tú has diseñado con tanto amor.

Ayúdame a ver lo bueno y lo verdadero en estas páginas. Quita de mí toda confusión y reemplázala con la luz de Tu verdad.

Enséñame a aplicar lo aprendido con sabiduría, humildad y gracia, para crecer en fe y reflejar más de Ti en cada área de mi vida.

Señor, ven con tu unción sobre mi vida al leer este libro. Que mis oídos sean abiertos a tu palabra.

Espíritu Santo, minístrame en este momento. Hoy yo te pido en el nombre de Cristo Jesús que todo impedimento espiritual sea removido.
Declaro que la sangre de Jesús está sobre mí.

Hoy mi corazón, mi mente y espíritu se abren a la voz del Espíritu Santo y se cierran a la voz del enemigo.

Ayúdame, Señor, a encontrar la respuesta a ciertas inquietudes al leer este libro. Habla conmigo, Padre. Quiero ser la mujer que Tú me llamaste a ser.

Gracias, Señor, porque Tú das generosamente sabiduría a quien la pide. Te doy gloria y honra, sabiendo que me escuchas y me guías.

En el nombre de Jesús,
Amén.

INTRODUCCIÓN

Mujer, este libro es para ti.

Para ti, que anhelas crecer en tu fe, descubrir tu valor en Dios y vivir en la plenitud del diseño divino para tu vida.

En estas páginas encontrarás palabras de ánimo, enseñanzas bíblicas, canciones escritas por mí y un llamado a despertar a esa mujer hermosa, fuerte, valiente y llena de propósito que habita en ti.

Quiero ser honesta desde el principio: todas nosotras compartimos experiencias muy similares simplemente por el hecho de ser mujeres. Sin embargo, cuando atravesamos ciertas temporadas difíciles, solemos sentir que somos las únicas que estamos viviendo ese dolor o ese desafío.

Nosotras, por naturaleza, tenemos la capacidad dada por Dios de hacer mil cosas a la vez… y sentir un millón de emociones en un mismo instante.

Podemos pasar de las lágrimas a la risa en cuestión de minutos. Sentirnos abatidas y sin fuerzas un momento, y al siguiente soñar con conquistar el mundo.

¿Será que soy la única que ha sentido esto? ¡Lo dudo! Estoy segura de que tú también… sí, tú, la que en este momento sostiene este libro en sus manos.

Mi deseo al escribir estas páginas es acompañarte y mostrarte que siempre existe un camino más alto, un plan mejor que el nuestro, y una salida para cada crisis. Yo misma lo he vivido.

Cada capítulo es un recordatorio de quién eres en Cristo: una hija amada, preciosa, llena de luz y con un destino glorioso. No importa lo que hayas vivido ni las circunstancias que enfrentas hoy; este libro es un abrazo del cielo que te invita a creer, avanzar y volar en libertad.

Así que, abre tu corazón, deja que estas palabras renueven tu alma y enciendan de nuevo tus sueños. Dios te creó con un propósito único, y hoy es el momento de caminar hacia él con fe y valentía.

1

PERMÍTEME PRESENTARME

Tal vez, al leer mi biografía oficial, la que suele aparecer en conferencias, libros o redes sociales, pienses que tengo la vida perfecta, que nunca he enfrentado problemas o desafíos. La verdad es que, aunque esa biografía es cierta, no cuenta toda mi historia.

Soy simplemente una mujer común, con las mismas luchas, temores y conflictos que muchas otras mujeres enfrentan cada día.

Nací en una ciudad del interior del estado de Goiás, en Brasil. Era un lugar muy tradicional en su religión. Yo entendía esas tradiciones, pero en realidad casi nunca asistía a los servicios dominicales. Mis recuerdos de la iglesia de mi padre estaban más relacionados con bodas, bautizos y eventos especiales.

Mientras mi papá me enseñaba la fe tradicional, mi mamá había crecido en otra religión completamente diferente. Así que crecí en medio de una gran confusión espiritual. Sin embargo, en lo profundo de mi corazón había un deseo genuino de conocer al Dios verdadero. Hoy puedo decir con gratitud que mi papá, antes de partir de esta tierra, aceptó a Cristo como su Salvador, y mi mamá es ahora una mujer transformada, llena de Dios, sirviendo a Cristo con pasión.

Cuando tenía diez años, nos mudamos a la capital del estado. Lo que yo no sabía en ese momento era que Dios usaría ese cambio para empezar a cumplir un plan único y precioso en mi vida.

Siempre amé las artes y la danza: ballet, jazz, todo lo que tuviera que ver con expresión corporal, y dediqué buena parte de mi infancia y adolescencia a ello. Nunca sentí atracción por las drogas, el alcohol ni las relaciones ilícitas; lo que realmente me apasionaba era buscar algo más, algo espiritual. Mi alma anhelaba descubrir a Dios.

UN ADIÓS AL PASADO

A los 16 años, junto con mi entonces novio (hoy mi esposo), vivimos nuestra conversión al evangelio. Era la época de un gran avivamiento en los años 80, y nosotros fuimos parte de ese mover de Dios.

Desde el primer momento, experimentamos milagros sobrenaturales y liberaciones asombrosas. Literalmente comenzamos nuestra vida cristiana conociendo el poder de Dios de una manera que cambió nuestro destino para siempre. Fuimos salvos, transformados, perdonados y lavados por la sangre de

Jesucristo. Nacimos de nuevo, y sabíamos que jamás volveríamos a ser los mismos.

Estábamos tan impactados por lo que veíamos y vivíamos en cada reunión, que nuestro mayor deleite era estar en la casa de Dios. Asistíamos a los siete cultos semanales, y en las tardes participábamos en campañas y servicios especiales.

Nuestra fe se volvió radical porque vimos con nuestros propios ojos lo imposible suceder: ciegos recobrando la vista, paralíticos levantándose de sus sillas de ruedas y caminando. La iglesia tenía una pared llena de muletas y sillas de ruedas que daban testimonio de lo que Dios había hecho. Las liberaciones eran tan poderosas que era imposible dudar de la presencia del Espíritu Santo.

La oración de la iglesia parecía romper los cielos. La gente clamaba a voz en cuello. Las plazas se llenaban, las iglesias no daban abasto, multitudes se bautizaban. Y lo más hermoso era que no se trataba solo de milagros momentáneos: las vidas realmente eran transformadas para siempre. La nuestra también lo fue.

Esos días quedaron grabados en nuestra memoria como un tiempo de gloria y poder. ¡Cuánto anhelo que Dios lo vuelva a hacer aquí en California y en toda la nación!

En medio de ese avivamiento, el Señor nos llamó al ministerio. Nos casamos una mañana en Brasil y esa misma tarde abordamos un avión rumbo a Estados Unidos, como misioneros al pueblo hispano de América. No fue una decisión impulsiva ni el simple entusiasmo de dos jóvenes; fue un llamado claro y sobrenatural de Dios.

Hoy servimos al Señor en nuestra hermosa congregación (Evermore Ministries) en la Ciudad de Riverside, Ca., junto a personas provenientes de más de 10 naciones de habla hispana, y el señor ha prosperado la obra de nuestras manos.

En nuestro corazón, solo hay gratitud y amor por Dios.

El resto… es historia.

2

EL ESPEJO CORRECTO

Antes de proseguir con las próximas páginas, quisiera llevarte a aprender a mirarte en el espejo correcto. Así que prosigamos:

En 2 Corintios 3:18 dice: *"Por tanto, nosotros todos, mirando con el rostro descubierto y reflejando como en un espejo la gloria del Señor, somos transformados de gloria en gloria en su misma imagen, por la acción del Espíritu del Señor."*

El Salmo 139 nos describe el trabajo maravilloso de Dios al formarnos. Sin embargo, muchos no podemos mirar la obra espectacular de sus manos reflejada en nuestra propia vida.

Muchos espejos tienen la posibilidad de alterar una imagen reflejada, causando una distorsión de la imagen verdadera, dependiendo de dónde estén colgados, a qué distancia, etc.

De la misma forma, diferentes situaciones de traumas, heridas, separación, abandono, muerte, etc., causan que muchas veces veamos y tengamos una imagen incorrecta de nosotros mismos, de las circunstancias y de las personas que nos rodean. Son los espejos que deforman la realidad de Dios en nuestra vida.

El espejo alterado produce un gran mal: ansiedad, pensamientos incorrectos, aflicción física, emocional y espiritual.

Muchas veces nos miramos al espejo y demarcamos nuestro estado de humor. En otras ocasiones miramos al espejo del pasado y lloramos. En otras situaciones, miramos al espejo mentiroso que nos habla palabras destructivas: "qué fea estás"… "muy gorda…" "Dios no te puede usar…" y tantas otras frases más.

Hay un plan continuo del enemigo para destruir la imagen perfecta de Dios en la mujer, llevándola a pensar equivocadamente acerca de sí misma.

Estos espejos nos mienten, haciéndonos creer y pensar que no somos aquello que Dios dice que somos, y que no tendremos aquello que Él dijo que tendríamos.

El Señor jamás hablaría palabras para destruirnos. Al contrario, sus palabras son dulces hacia nosotras:

Isaías 43:1 "yo te redimí; te puse nombre, mío eres tú… 4 Porque a mis ojos fuiste de gran estima, fuiste honorable, y yo te amé;"

Jeremías 29:11 "Porque yo sé los pensamientos que tengo acerca de vosotros, dice Jehová, pensamientos de paz y no de mal, para daros el fin que esperáis."

Debemos ser muy cuidadosas con la imagen que se forma de nosotras mismas en nuestra propia mente: *"Como piensa el hombre, así es." Prov. 23:7.* Y como dice el libro de *Filipenses 4:8: "Por lo demás, hermanos, todo lo que es verdadero, todo lo honesto, todo lo justo, todo lo puro, todo lo amable, todo lo que es de buen nombre; si hay virtud alguna, si algo digno de alabanza, en esto pensad..."*

Pensar correctamente de nosotros mismos nos hace verdaderas conquistadoras y nos lleva a cumplir el plan por el cual Dios nos hizo nacer en esta tierra.

Los espejos son como una referencia, y aquello que miramos tiene el poder de transformarnos tanto para el bien como para el mal.

El espejo correcto muestra la verdad. ¿Cuál es el verdadero espejo? La palabra de Dios.

Alinearnos a las Escrituras nos hace tener la imagen correcta. Somos transformadas al reflejo que vemos, a través de su Espíritu que opera en nosotros. Este libro quitará la imagen incorrecta y establecerá la verdad de Dios para cada mujer.

Empieza por identificar el espejo engañoso, quiébralo y mira el verdadero espejo: Jesús. No miremos más a los espejos que nos deforman, sino al espejo fiel. No tengas más valores equivocados acerca de ti misma viviendo una vida lejos de tu ideal y de la verdadera imagen. Mira lo correcto. Define tu visión. Este libro te ayudará a hacerlo.

AVIVA MIS SENTIDOS

(Canción por Jeannie Lein)

QUIERO VER LO QUE EL CIELO VE
NO CERRAR MIS OJOS A TU MOVER
QUIERO OÍR CUANDO HABLAS
SUAVE
QUE TU VOZ SEA MI ÚNICA
VERDAD

QUIERO SENTIR CUANDO TÚ ME
TOQUES
NO ENDURECER MI CORAZÓN
PERCIBIR EL AROMA DE TU GLORIA
Y SABOREAR TU BENDICIÓN

AVIVA MIS SENTIDOS
ESPÍRITU DE DIOS
DESPIERTA LO DORMIDO
DESPIÉRTAME EN AMOR

NO ME DEJES PERDER
LA VISTA DE TU ROSTRO
NO ME DEJES PERDER
EL ECO DE TU VOZ

NO ME DEJES PERDER
EL TOQUE QUE TRANSFORMA
NI EL SUSURRO QUE ME LLAMA

QUIERO ESTAR DESPIERTO EN TI
DISCERNIR LO SANTO Y LO
PROFANO
CAMINAR CON OJOS DEL CORAZÓN
RESPIRAR EL CIELO CADA DÍA
Y VIVIR EN CONTINUA ADORACIÓN

NO ME DEJES PERDER
LA VISTA DE TU ROSTRO
NO ME DEJES PERDER
EL ECO DE TU VOZ
NO ME DEJES PERDER
EL TOQUE QUE TRANSFORMA
NI EL SUSURRO QUE ME LLAMA

HAZME SENSIBLE SOLO A TI
QUE MIS SENTIDOS VIVAN PARA
TI… SOLO PARA TI…

3

SIN LÍMITES
(Esa Mujer Soy Yo)

Primero fue la canción…

Ahora el libro inspirado en la canción.

Años atrás, al trabajar y ministrar a tantas mujeres, empecé a ver la seriedad del dolor que enfrentan tantas de ellas con relación a su estima propia. ¡Cuánta lucha en esa área!

A lo largo del tiempo, en estos 30 años de ministerio, he podido ver a muchas mujeres limitadas por su pasado, presente y por temor al futuro. He sido testigo de historias de hijas, madres y esposas con grandes talentos, detenidas por diferentes situaciones, experiencias, traumas, miedos, derrotas, fracasos, etc.

Mi pasión siempre ha sido desafiar a esas mujeres a vivir una vida sin límites en Dios, a volver a soñar y a creer en ellas mismas. Hace algunos años, el Señor me llevó a predicar y cantar un mensaje que impulsa a cada mujer que lo escucha a sentir el deseo de romper con todo obstáculo, frontera y freno en sus vidas personales. Jamás de una forma rebelde o feminista, sino entendiendo el amor del verdadero Papá, que diseñó a cada una con un plan magnífico y específico para ser cumplido en la tierra.

Fue entonces que decidí escribir esa canción que refleja exactamente cómo Dios nos ve:

SIN LÍMITES (Esa Mujer Soy Yo)

Escrita por: Jeannie Lein

Inspirado en Isaías 54:2 "No te pongas límites"

Isaías 60:1 «¡Levántate, resplandece, porque ha venido tu luz y la gloria de Jehová ha nacido sobre ti!»

Marcos 9:23 Jesús le dijo: —Si puedes creer, al que cree todo le es posible.

Salmos 139:13-14 Reina-Valera 1995 (RVR1995):

"Tú formaste mis entrañas; me hiciste en el vientre de mi madre.
Te alabaré, porque formidables y maravillosas son tus obras;
estoy maravillado y mi alma lo sabe muy bien."

LINDA, HERMOSA
CON BRILLO, PRECIOSA
AMADA, QUERIDA
LLENA DE GOZO Y DE VIDA

TAN DULCE Y SUBLIME
FUERTE Y CAPAZ
VENCEDORA, VALIENTE
SIEMPRE AVANZANDO ESTÁS

ESA MUJER SOY YO
ESA MUJER SOY YO
NO HAY LÍMITES PARA SOÑAR

ESA MUJER SOY YO
ESA MUJER SOY YO
ABRO LAS ALAS PARA VOLAR

EN MÍ ESTÁ LA FUERZA
PUEDO DECIDIR

QUIERO CONQUISTAR
DESEO SER FELIZ

SIENTO EL VIENTO EN EL ROSTRO
NADA ME DETENDRÁ
CORRO HACIA MI DESTINO
DIOS TODO CUMPLIRÁ

ESA MUJER SOY YO
ESA MUJER SOY YO
NO HAY LÍMITES PARA SOÑAR

ESA MUJER SOY YO
ESA MUJER SOY YO
ABRO LAS ALAS PARA VOLAR

SIN LÍMITES PARA CREER
SIN LÍMITES PARA ADORAR
SIN LÍMITES PARA AVANZAR EN DIOS
SIN LÍMITES PARA AMAR

Qué linda es esta gran verdad... y este libro será enteramente basado en esta canción. Cada capítulo reflejará una frase de esta poesía cantada.

Quizás te preguntes: ¿Por qué sin límites?

En Isaías 54:2 (NVI-PT) dice:

"Ensancha el lugar de tu tienda, extiende las cortinas de tu morada, no las detengas; (no pongas límites —dice la traducción en español—) extiende tus cuerdas, afirma tus estacas."

Si leemos las Escrituras (la Biblia), conoceremos al Dios verdadero que no tiene límites para bendecir y prosperar a los suyos. Desafortunadamente, muchas veces no podemos ver desde Su perspectiva a causa de nuestras heridas.

Los límites no son necesariamente malos. Hay límites que son maravillosamente establecidos por Dios y son para nosotros bendición y seguridad. Por ejemplo, el mar tiene límites, y si no los tuviera, todo sería inundado y destruido. Pero existen cosas que no son límites instituidos por Dios, sino limitaciones (límites impuestos) que fueron colocados en nuestras vidas para paralizar nuestro crecimiento y avance.

Quizás, sin saberlo, nosotras mismas ponemos límites y limitaciones a nuestro espíritu, cuerpo y alma, y dejamos de realizar nuestros sueños y propósito, terminando la vida sin haber cumplido nunca los planes de Dios para nosotras.

Como dice algo que escuché en algún momento: "El cementerio es el lugar más rico de la tierra, porque allí están enterrados los libros que nunca fueron escritos, la música que nunca fue cantada, las poesías nunca recitadas, los sueños nunca vividos..."

La verdad es que no podemos aceptar y permitir que estos limitantes sean parte de nuestro diario vivir como si fueran normales. Si nos acostumbramos a convivir con estos continuos obstáculos en cualquier área, estos se establecerán por el resto de nuestras vidas y se propagarán en todo lo que hagamos.

El ser humano debe superar constantemente sus límites y crecer. ¡Debemos dejar de pensar mal de nosotros mismos y pensar lo que Dios piensa de nosotros! Él nos ama y sus pensamientos sobre nosotros son maravillosos:

"Porque mis pensamientos no son vuestros pensamientos, ni vuestros caminos mis caminos, dijo Jehová. Como son más altos los cielos que la tierra, así son mis caminos más altos que vuestros caminos, y mis pensamientos más que vuestros pensamientos." Isaías 55:8-9

Como leí en algún lugar alguna vez:

"Toda mujer debe ser amada, conquistada, consolada, admirada, levantada, motivada, bendecida, celebrada, animada, ayudada, respetada y abrazada." (Autor desconocido)

Nosotras, todas las mujeres, necesitamos palabras de aprecio y afirmación de parte de quienes están más cerca de nosotras (esposo, padres, hijos, etc.). Necesitamos que reconozcan el esfuerzo, la entrega, el sacrificio... el sabor delicioso de una comida... la gratitud por la ropa lavada... el elogio por la casa limpia... el cuidado con los hijos...

La mujer hace tanto y tan pocas veces es valorada y apreciada por su gran trabajo. Este es nuestro lenguaje. Ninguna escapa a esta afirmación porque Dios nos formó con esta necesidad. Incluso Jesús dignificó a la mujer y, aun cuando estaba muriendo, se aseguró de que alguien cuidara a su madre.

Queremos sentirnos seguras, cuidadas, lideradas, dignificadas y reconocidas por quienes amamos. Y muchas veces no es así. La falta de esto produce un corazón inseguro, incierto, con baja autoestima y muchos vacíos.

Por esta razón, escribí esta canción Sin Límites que declara esas palabras que reflejan lo que Dios (que es nuestro verdadero Padre, esposo, hermano, etc.) piensa de nosotras.

Al cantar la letra de esta melodía, estaremos confesando la verdad de lo que Dios habla, y comenzaremos a creer que tenemos valor, que somos amadas, queridas y mucho más... Escucha a Dios en esta canción, cantándote estas palabras mientras repites: *"Esa mujer soy yo"* y sana tu corazón (en las plataformas de música la encontrarás).

Hoy te invito a analizar tu vida y a detectar estos limitantes que han sido un techo espiritual sobre ti; palabras que tú misma has dicho sobre tu persona: "soy fea", "nadie me ama", "no puedo", "no sé", "esto no es para mí", "no soy importante".

Deja de creer que no tienes valor y que no eres importante. Este pensamiento errado levanta muros y fronteras.

Una vez identificados estos limitantes, toma la decisión de vencer por el poder de la sangre de Jesús y comienza a vivir una vida sin límites en Dios.

¡Eres oro puro… diamante muy valioso! ¡Puedes todo en Dios! ¡Él te ama!

Que hoy desees cumplir la palabra de *Isaías 54:2: ensancha el lugar de tu tienda, extiende bien las cortinas. ¡Estira tus cuerdas y afirma tus estacas!* Dios está despertando tu vida ahora.

Es momento de pedir a Dios un rompimiento espiritual, desconectando todo freno en el nombre de Jesús. Sé que una intervención divina ocurrirá en tu corazón y mente para creer que toda limitación natural y espiritual puede ser destruida por el poder de la sangre de Jesús.

Si puedes creer, el Señor literalmente derribará todo lo que se opone a tu avance en Dios. ¡Una verdadera liberación de todo aquello que ha sido un impedimento para ver los milagros! Simplemente cree en lo sobrenatural de Dios dando un paso de fe al confesar lo que Dios piensa de ti.

En los próximos capítulos, que reflejarán cada frase de la canción original que escribí, descubrirás el poder de pensar correctamente de ti misma.

Estoy segura de que, al hacerlo, tendrás la verdadera revelación de quién eres en Dios y todo lo que Él quiere realizar a través de tu vida. ¡Esa mujer maravillosa y amada por Dios eres tú!

Escucha la canción aquí:

4

LINDA Y HERMOSA

Mujer linda y hermosa.

Entiende algo: la verdadera hermosura no se marchita.

En un mundo que constantemente redefine la belleza según estándares externos y pasajeros, es vital que la mujer cristiana regrese a la verdad eterna de la Palabra de Dios. Tu belleza no depende de tu apariencia física ni de las opiniones del mundo, sino de cómo Dios te ve y de cómo tú te ves a través de Sus ojos.

Desde el principio, Dios creó a la mujer con un valor incalculable, con ternura, intención y propósito. Fuiste formada por el Creador del universo, y eso te hace intrínsecamente hermosa.

"Te alabaré; porque formidables, maravillosas son tus obras; estoy maravillado, y mi alma lo sabe muy bien." — Salmos 139:14

Eres hermosa porque fuiste creada a imagen de Dios. Dios no comete errores. Cada parte de ti fue diseñada con amor y sabiduría. Tu cuerpo, tu alma y tu espíritu reflejan aspectos de Su carácter. Cuando Dios te ve, Él ve Su obra maestra. Y eso no es arrogancia; es reconocer la verdad de tu identidad en Cristo.

"Y creó Dios al hombre a su imagen, a imagen de Dios lo creó; varón y hembra los creó." — Génesis 1:27

La belleza interior es lo que Dios más valora, y aunque la belleza exterior puede ser admirada, Dios se enfoca en el corazón. La mujer cristiana está llamada a cultivar una belleza que no se desvanece con el tiempo: un espíritu dulce, humilde y lleno de fe.

"Vuestra belleza no debe ser la externa, adornándose con peinados ostentosos, joyas de oro o vestidos lujosos, sino la del ser interior, la del corazón, con el adorno incorruptible de un espíritu suave y apacible. Ésta sí tiene mucho valor delante de Dios." — 1 Pedro 3:3-4

Esta belleza interior no significa descuidar lo exterior, sino tener las prioridades correctas: que tu belleza principal brote de una relación íntima con Dios. Cuando estás llena del Espíritu, tu rostro lo refleja. Hay un brillo que no viene del maquillaje ni de la moda, sino de la paz, la gracia y la esperanza que llevas dentro.

Es una belleza con propósito, y ese propósito es glorificar a Dios. No es para llamar la atención sobre ti, sino para reflejar la luz de Cristo. Cuando una mujer cristiana camina con dignidad, con seguridad en su identidad y con una sonrisa que brota del gozo del Señor, está predicando con su vida.

"Engañosa es la gracia, y vana la hermosura; la mujer que teme a Jehová, ésa será alabada." — Proverbios 31:30

No te compares con nadie, porque fuiste creada para un propósito único. Lo que Dios pensó para ti no lo pensó para ninguna otra. Compararte te roba la paz; pero abrazar tu identidad te llena de poder. No necesitas parecerte a nadie para ser valiosa. Ya eres suficiente, eres amada y elegida. No mires a los costados, mira hacia adentro: ahí está la mujer que Dios quiere usar.

Déjame decirte algo muy importante: tú no necesitas imitar a nadie para ser especial. Dios no se repite, y contigo hizo una obra maravillosa. No hay otra como tú. Deja de medirte con estándares ajenos y comienza a valorar lo que ya eres: única, bella y con un llamado irrepetible.

La comparación es una trampa que te roba el gozo y te aleja de tu propósito. No fuiste creada para competir; fuiste creada para brillar en lo que solo tú puedes hacer. Recuerda: la única medida válida es el diseño original que Dios soñó contigo.

Cada vez que te comparas, estás dudando del plan perfecto que Dios trazó para ti. Él no comete errores. Deja de mirar lo que otros son o hacen y empieza a descubrir la riqueza que ya habita en ti. Tu valor no está en parecerte a nadie, sino en reflejar a Cristo siendo tú misma.

No fuiste creada para encajar, sino para destacar en lo que solo tú puedes ser. La comparación mata la autenticidad. Sé tú, y brillarás. Lo que te hace diferente te hace poderosa. Tu historia no necesita parecerse a ninguna para ser hermosa.

Es momento de que rechaces las mentiras del mundo y creas lo que Dios habla acerca de ti: que eres amada, aceptada, linda, valiosa y hermosa. No necesitas ser validada por redes sociales ni compararte con nadie. Ya has sido escogida por tu verdadero Padre.

"Eres toda hermosa, amiga mía; y en ti no hay mancha."
— Cantares 4:7

Análisis personal que te ayuda a vencer

- ¿De qué maneras he permitido que los estándares del mundo definan mi valor o belleza?
- ¿Y cómo puedo comenzar a ver mi identidad a través de los ojos de Dios?
- ¿Qué parte de mi interior necesita ser más cultivada para reflejar el espíritu dulce y apacible que agrada a Dios? (1 Pedro 3:3-4)
- ¿Estoy comparándome con otras mujeres, y cómo ha afectado esto mi paz y propósito?
- ¿Qué pasos puedo tomar para liberarme de esa comparación?
- ¿Creo realmente que soy una obra maestra de Dios, creada con intención, amor y propósito?
- ¿Por qué a veces me cuesta creerlo?

- ¿Estoy viviendo con la dignidad y la luz que reflejan a Cristo en mi día a día?

- ¿Qué cambios pequeños podría hacer para que mi vida predique sin palabras?

Palabra para tu alma (para confesar y declarar)

"Soy una hija de Dios. Fui creada con propósito y belleza. Mi valor no depende del espejo, sino de mi Creador. Soy hermosa, no por lo que tengo, sino por lo que soy en Cristo. Vivo para reflejar Su luz."

Oración final

Señor amado,

Gracias por recordarme que fui creada con intención, amor y propósito por tus manos perfectas. Hoy renuncio a los estándares del mundo que intentan definir mi valor, y abrazo con fe la verdad de Tu Palabra: que soy hermosa, aceptada y profundamente amada por Ti.

Ayúdame a ver mi reflejo con Tus ojos, a cultivar una belleza que no se marchita y a caminar con la dignidad de quien ha sido redimida y llamada por su nombre.

Lléname de Tu Espíritu para que mi interior irradie paz, gracia y fe, y que mi vida refleje la luz de Cristo en todo lugar.

Quita de mí la necesidad de comparación y afirma mi corazón en mi verdadera identidad. Que nunca olvide que fui creada para brillar siendo exactamente quien Tú soñaste que fuera.

En el nombre de Jesús,
Amén.

5

CON BRILLO

Mujer con brillo.

La mujer, este ser maravilloso creado por Dios, nació con un brillo natural. Ella tiene una luz brillante dentro de su ser. ¡Es alguien magnificente! Por donde pasa ilumina.

La mujer que conoce a Dios no necesita imitar el brillo del mundo, porque ya lleva dentro la luz de Cristo. No importa si el mundo no lo reconoce o no lo aplaude: su luz no proviene de lo externo, sino de una relación viva con su Creador. Y cuando una mujer camina con Dios, algo en ella brilla... sin hacer ruido, sin presumir, sin competir.

"Vosotros sois la luz del mundo; una ciudad asentada sobre un monte no se puede esconder." — Mateo 5:14

Tu luz no es prestada ni superficial. Es el reflejo del Dios que habita en ti. No tienes que forzarla, solo dejarla brillar.

Muchas mujeres han permitido que las críticas, la comparación, la culpa o las heridas del pasado apaguen su brillo. Pero Dios te llama a levantarte y brillar nuevamente. ¡No apagues lo que Él encendió!

"Levántate, resplandece; porque ha venido tu luz, y la gloria de Jehová ha nacido sobre ti." — Isaías 60:1

Hay una luz dentro de ti que fue colocada por el mismo Dios. No es vanidad ni orgullo reconocerlo, es obediencia. Tu presencia puede traer esperanza, alegría y dirección a otros. Eres como una lámpara encendida que alumbra donde hay oscuridad.

"Nadie enciende una lámpara y la cubre con una vasija o la pone debajo de la cama. Al contrario, la pone en un candelero, para que los que entren vean la luz." — Lucas 8:16

Tu brillo es único y no necesita comparación. Esto mata el gozo y el brillo. Muchas veces las mujeres sienten que su luz no es suficiente porque están comparándose con la luz de otras. Pero Dios no te hizo para competir, te hizo para complementar. Tu brillo no se parece al de nadie, y eso está bien.

"Cada uno tiene de Dios su propio don..." — 1 Corintios 7:7b

El sol y la luna no brillan al mismo tiempo, pero ambos tienen un propósito hermoso. Así también tú: tu luz tiene un tiempo, un espacio y un impacto que nadie más puede tener.

El brillo de tu corazón puede transformar el ambiente. Tu forma de hablar, de amar, de orar, de cuidar, de trabajar… todo lo que haces con un corazón alineado con Dios lleva luz a otros. En tu casa, en tu trabajo, con tus hijos, con tus amigas… tú puedes ser un faro. No subestimes tu influencia. Una mujer conectada con Dios es poderosa en el espíritu.

"Sean ustedes irreprensibles y sencillos, hijos de Dios sin culpa en medio de una generación torcida y perversa, en medio de la cual resplandecen como luminares en el mundo." — Filipenses 2:15

Deja que tu luz glorifique a Dios. Tu brillo no es para tu gloria, es para la gloria de Aquel que te llamó. Cuando usas tus dones, tu voz, tu testimonio, tu sonrisa, tu servicio… estás apuntando a Cristo. Y eso es lo más hermoso.

"Así alumbre vuestra luz delante de los hombres, para que vean vuestras buenas obras y glorifiquen a vuestro Padre que está en los cielos." — Mateo 5:16

Sin embargo, el principal enemigo de la mujer (Satanás) ha tratado de apagar su luz y ofuscar su brillo.

"Pondré enemistad entre ti y la mujer, y entre tu simiente y la simiente suya; ésta te herirá en la cabeza, y tú la herirás en el talón." — Génesis 3:15

La mujer es también la que hace que su familia brille. Por lo tanto, el enemigo pelea una guerra contra ella y su descendencia. No hay lugar a dudas de que una de las mayores afrentas del enemigo ha sido en contra de la mujer y sus hijos.

Desde el principio, Satanás ha tratado de destruir a la raza humana como una forma de hacer sufrir a Dios que ama a su creación.

"De tal manera amó Dios al mundo, que ha dado a su Hijo unigénito, para que todo aquel que en él cree no se pierda, sino que tenga vida eterna. Dios no envió a su Hijo al mundo para condenar al mundo, sino para que el mundo sea salvo por él." — Juan 3:16-17

Usando diferentes formas de ataques y argumentos, nuestro enemigo ha tenido a la institución más sagrada (la familia) como un blanco de su furia. Y su deseo es apagar su brillo.

Para lograr su plan, planeó todo un proyecto para que el hombre perdiera su fe en poder y querer tener una familia.

"El ladrón no viene sino para hurtar y matar y destruir; yo he venido para que tengan vida, y para que la tengan en abundancia." — Juan 10:10

Por esta razón, debemos estar alertas:

"Sed sobrios y velad, porque vuestro adversario el diablo, como león rugiente, anda alrededor buscando a quien devorar." — 1 Pedro 5:8

A través de mentiras absurdas para quitar el brillo de la familia, ha hecho creer a muchos que el matrimonio es algo del pasado y que la institución tradicional (papá, mamá e hijos) ya no es un modelo moderno ni actual; que es posible formar un ámbito familiar sin la influencia de un hombre y una mujer unidos en una alianza eterna.

"Por tanto dejará el hombre a su padre y a su madre, se unirá a su mujer y serán una sola carne." — *Génesis 2:24*

Las estadísticas lo confirman cuando indican el gran número de divorcios en la sociedad y el menosprecio a la vida con la aprobación de la muerte de hijos inocentes (aborto).

Con todo esto, la mujer es cada vez más lastimada y herida. ¿Hasta dónde hemos llegado como mundo contemporáneo? Hemos cambiado lo correcto por lo incorrecto.

Mujeres que están perdiendo su brillo por causa de tantas decisiones equivocadas y por la aceptación de la iniquidad en sus generaciones.

"¡Ay de los que a lo malo dicen bueno y a lo bueno malo; que hacen de la luz tinieblas y de las tinieblas luz; que ponen lo amargo por dulce y lo dulce por amargo!" — *Isaías 5:20*

"Buscad lo bueno y no lo malo, para que viváis; y así Jehová, Dios de los ejércitos, estará con vosotros." — *Amós 5:14*

Conocer a los enemigos de nuestra propia vida y a los de nuestra familia nos ayudará a prevenir una quiebra de principios, relaciones y evitar las heridas que nos quitan el brillo de Dios.

Todo lo que amenaza el bienestar de tu casa debe ser erradicado por completo para que prevalezca lo verdadero en todo tiempo. Un hogar triste, una mujer triste, es un hogar y una mujer sin brillo.

El enemigo desea quitar no solamente tu brillo, sino también el de toda tu familia. No lo permitas.

Protege a tus seres queridos ya que, al no hacerlo, siempre habrá alguien interesado en destruirlos.

"Hijos e hijas engendrarás, y no serán para ti, porque irán en cautiverio." — Deuteronomio 28:41

Para la protección de tu vida personal y la de tu familia, asegúrate de atar la Palabra de Dios a tu corazón y al corazón de tus hijos. No te canses de hacer lo bueno y enseñar la verdad. La comunicación, la disciplina, la enseñanza de las Escrituras, los valores morales bíblicos y el amor sobre todas las cosas, protegerán a tu generación de manera sorprendente y harán que brillen en una sociedad apagada. Debes luchar por tu herencia.

Recordemos también que el perdón y la reconciliación son fundamentales en cualquier círculo. Perdonar y ser perdonado es un fundamento básico para aplicar al diario vivir familiar para que nunca se pierda el brillo.

"Por tanto, si perdonáis a los hombres sus ofensas, os perdonará también a vosotros vuestro Padre celestial; pero si no perdonáis sus ofensas a los hombres, tampoco vuestro Padre os perdonará vuestras ofensas." — Mateo 6:14-15

Leer también *Mateo 18:21-22.*

Nuestra descendencia ha sido amenazada, y de nada sirve quedar lamentándonos sin hacer algo. Hoy Dios nos está convocando para una verdadera "guerra santa", a fin de salvarnos de todo ataque del enemigo. Jesús ya nos dio las armas espirituales: Su Palabra, Su sangre preciosa y la unción del Espíritu Santo. Levantémonos en fe para pelear.

Toma la decisión y dedica este nuevo tiempo a afirmar la fe de los tuyos y a vivir una vida de justicia y rectitud. Una vida que brille en un mundo tan oscuro.

"Sobre toda cosa que guardes, guarda tu corazón, porque de él mana la vida." — Proverbios 4:23

Es tiempo de sanar, restaurar, liberar, edificar, amar y unificar. Tendremos una generación fuerte y brillante. Debemos confiar y obedecer firmemente la Palabra de Dios, ya que ésta tiene el poder de hacernos libres.

La victoria es nuestra, porque la sangre de Jesús ejecutó juicio contra todos nuestros enemigos. Cumplamos la palabra de *Deuteronomio 11:18-21* y ¡levantemos una generación para Dios!

Recuerda: tienes un brillo propio en Dios. Un resplandor que no viene del mundo.

Por último, recuerda que tú tienes tu propia esencia. "Esencia" te recuerda que tu valor no está en lo superficial ni lo temporal, sino en lo eterno: lo que Dios ha depositado en ti. Tu esencia, formada a imagen del Creador, es lo que brilla con propósito, belleza y verdad. Cuando abrazas tu esencia, dejas de imitar… y comienzas a reflejar.

Análisis personal que te ayuda a vencer

- ¿En qué áreas sientes que has estado escondiendo tu luz?
- ¿Hay alguna comparación que ha intentado robarte tu brillo? ¿Cómo puedes entregársela a Dios?
- ¿Qué dones o cualidades te ha dado Dios que puedes usar para brillar en tu entorno?
- ¿Cómo puedes reflejar mejor la luz de Cristo en tu hogar, trabajo o comunidad?
- Escribe una declaración personal: "Hoy decido brillar para Dios al…"

Palabra para tu alma (para confesar y declarar)

"Dios me ha dado una luz propia. No necesito imitar a nadie ni esconderme. Tengo un propósito y un brillo especial. Hoy decido dejarlo resplandecer para la gloria de mi Padre celestial."

Oración final

Señor,

Gracias porque has puesto en mí una luz que nadie puede apagar. Ayúdame a caminar con valentía, a no esconderme y a brillar para Tu gloria. Enséñame a no compararme ni competir, sino a vivir en la plenitud de quien soy en Ti. Que mi vida sea un reflejo de Tu amor y Tu verdad.

Hoy decido dejar que mi luz brille, no para ser vista, sino para que otros te vean a Ti.

Amén.

6

PRECIOSA

Mujer preciosa.

¿Qué significa algo precioso o cómo se describiría? Algo con valor, primoroso, de gran aprecio, calidad y estimación. Algo que cuesta. Valioso.

En nuestra sociedad actual, el valor de la mujer ha sido despreciado. Infelizmente no la pueden ver con los ojos correctos. Es muy triste ver la desvalorización hacia alguien que debería tener un valor preciado.

El mundo valoriza el cuerpo, el color de los ojos y el pelo, la altura, etc., pero muy pocas veces valora el esfuerzo, el sacrificio, el cuidado… Los valores hacia la mujer en muy pocas ocasiones están en los conceptos verdaderos.

¿Cuántas veces la mujer, para criar una familia y cuidar de su casa, se sacrifica más allá de sus propias fuerzas?

Ella es la que se levanta en la madrugada, que hace el desayuno, lleva a sus hijos a la escuela y toma varios buses para llegar al trabajo. Que regresa del trabajo y busca a los hijos en la escuela, hace el almuerzo o la cena y limpia la casa.

Ella es la que lava la ropa, ayuda con la tarea, que baña a los hijos, los arregla y ayuda con diferentes tareas; en seguida ora con ellos, los prepara y los acuesta a dormir.

Es la que le sirve al marido y lo atiende en sus necesidades. La que lleva a los hijos al doctor. La que va al supermercado y asegura que haya comida en la casa.

Es la que sabe en dónde están todas las cosas. Y al día siguiente, con todo el amor del mundo, vuelve a hacer todo otra vez.

Pero qué lástima que muchas veces los esposos o aun los hijos no pueden valorar y apreciar el gran esfuerzo, y ver la belleza y la preciosidad de este gran trabajo.

La palabra "preciosa" describe algo que tiene un valor inmenso, que es raro, admirado y cuidadosamente protegido. Algo precioso no se encuentra fácilmente, y cuando se encuentra, se cuida con esmero. Así eres tú para Dios: de gran estima, valor y propósito eterno.

El mundo suele valorar a las personas por su apariencia, logros o posesiones. Pero Dios no mira como el hombre. Él te ve con ojos de amor eterno y te llama por tu verdadero valor: preciosa para Él.

"Porque a mis ojos fuiste de gran estima, fuiste honorable, y yo te amé." — Isaías 43:4

Tu valor no está en lo que haces, ni en lo que otros piensan de ti. Está en lo que Dios pagó por ti. Y la verdad es que pagó el precio más alto: la vida de su Hijo. Eso te convierte en alguien de valor incalculable.

"Fuisteis comprados por precio…" — 1 Corintios 7:23

Eres una joya de Dios. Tu verdadero Padre no te ve como alguien común o sin importancia. Te compara con piedras preciosas, con tesoros guardados, con algo digno de ser exhibido con honra.

Cuando Él te formó, no se apresuró ni improvisó. Te diseñó con detalles únicos, con un propósito eterno y con belleza interior.

"Serás corona de gloria en la mano de Jehová, y diadema de reino en la mano del Dios tuyo." — Isaías 62:3

Si alguna vez te han hecho sentir poca cosa, si te han despreciado, abandonado o ignorado, hoy Dios quiere recordarte: "Tú eres preciosa a mis ojos." Y lo que Dios llama valioso, nadie puede despreciar.

Lo precioso se cuida y se honra. Dios tiene cuidado de ti. No aceptes menos de lo que Dios ha dicho que mereces. El mundo puede no entender tu valor, pero tú debes vivir como quien ya sabe cuánto vale.

Como hija de Dios, tienes el derecho y la responsabilidad de cuidar y guardar tu mente, tu cuerpo, tu corazón y tus relaciones. Eres preciosa.

"Sobre toda cosa guardada, guarda tu corazón; porque de él mana la vida." — Proverbios 4:23

Tu identidad preciosa en Dios te da libertad para decir no al pecado, al abuso, a las comparaciones y a la culpa. Puedes caminar con dignidad, con seguridad y con paz.

"Y deseará el rey tu hermosura; e inclínate a él, porque él es tu Señor." — Salmos 45:11

Análisis personal que te ayuda a vencer

- ¿Crees que eres preciosa a los ojos de Dios? ¿Por qué sí o por qué no?
- ¿Qué palabras o experiencias del pasado han intentado robarte tu valor?
- ¿Cómo puedes comenzar a cuidar más de lo que Dios ha depositado en ti?
- ¿Has aceptado menos de lo que Dios dice que mereces? ¿Qué puedes cambiar hoy?
- Escribe una afirmación personal: "Soy preciosa porque Dios…"

Palabra para tu alma (para confesar y declarar)

"Soy preciosa a los ojos de Dios. No por lo que tengo o lo que hago, sino por lo que soy en Él. He sido comprada con sangre, y mi vida tiene valor eterno. Hoy elijo caminar con la cabeza en alto, con dignidad, porque soy una joya en las manos del Rey."

Oración final

Señor,

Gracias por recordarme hoy cuánto valgo para Ti. Aun cuando el mundo no lo vea, Tú me llamas preciosa, de gran estima y amada.

Ayúdame a vivir desde esa verdad, a cuidar mi corazón y a valorar lo que Tú valoras. Que mi vida refleje Tu amor, Tu honra y Tu diseño perfecto.

En el nombre de Jesús,

Amén.

7

AMADA Y QUERIDA

Mujer amada y querida,

Amada hija de Dios…

En un mundo que a menudo te exige más de lo que puedes dar, nunca olvides que ya eres profundamente amada, tal como eres. No por lo que haces, ni por lo que logras, sino simplemente porque eres Suya.

"Porque tú formaste mis entrañas; Tú me hiciste en el vientre de mi madre." — Salmos 139:13

Dios te vio antes de que tomaras tu primer aliento, y en Su infinito amor, te formó con cuidado, belleza y propósito. Cada detalle de tu vida está en Sus manos, y Su amor por ti no cambia jamás.

Eres valorada, escogida y sostenida por el Creador del universo. Él camina contigo en los días de gozo y te abraza más fuerte aún en los días de quebranto. Su amor no tiene condiciones ni final. Es un amor que restaura, que sana, que levanta.

Nunca estás sola. Él no se olvida de ti. Eres muy amada al corazón de Dios. Sigue caminando, creyendo en ese gran amor, porque Aquel que te ama tiene planes de bien para ti, y nunca dejará de escribir una bella historia con tu vida.

"Te he amado con amor eterno; por eso te sigo mostrando mi lealtad." — Jeremías 31:3

"Soy amada y querida." Ahora respira y medita en esta frase. Deja que esta realidad entre en lo más profundo de tu corazón.

Esta es la verdad más poderosa que una mujer puede abrazar: "Dios me ama entrañablemente." No con un amor humano limitado, sino con un amor eterno, fiel, incondicional y perfecto. Eres más que tolerada, más que aceptada. Eres amada, deseada y querida por el mismo Creador del universo: tu Padre perfecto.

"Con amor eterno te he amado; por tanto, te prolongué mi misericordia." — Jeremías 31:3

Antes de que hicieras algo bueno o malo, antes de que te acercaras a Él, Dios ya te amaba. Su amor no depende de tu rendimiento, de tu pasado o de tus errores. Él te ama porque eres Su hija, porque Él te formó, te conoce y ha decidido llamarte Suya.

"Pero Dios muestra su amor para con nosotros, en que, siendo aún pecadores, Cristo murió por nosotros." — Romanos 5:8

No tienes que ganarte el amor de Dios. Él ama a Sus hijos inmerecidamente. Muchas mujeres viven intentando "merecer" amor: en sus relaciones, en su trabajo, incluso en su fe. Pero el amor de Dios no se gana, se recibe. No necesitas impresionar a Dios, solo creerle. No necesitas perfección, solo rendirte a Su amor.

"En esto consiste el amor: no en que nosotros hayamos amado a Dios, sino en que Él nos amó a nosotros..." — 1 Juan 4:10

Cuando entiendes que eres amada, dejas de vivir desde la carencia y empiezas a vivir desde la plenitud. Ya no buscas desesperadamente aprobación, ya no temes al rechazo, porque estás segura en el abrazo del Padre. Eres amada, incluso cuando fallas.

Dios no deja de amarte cuando tropiezas. Su amor no cambia con tus emociones ni con tus días difíciles. Él no es como los seres humanos que aman condicionalmente. Su amor es constante, firme y paciente. Él ve más allá de tus fallas: ve tu corazón, tu deseo de crecer, tu anhelo de estar cerca.

"Jehová se manifestó a mí hace ya mucho tiempo, diciendo: Con amor eterno te he amado; por tanto, te prolongué mi misericordia." — Jeremías 31:3

No estás sola. No eres ignorada. Eres buscada, elegida, abrazada. Amada. Querida. Deseada. Redimida.

"Jehová está en medio de ti... se gozará sobre ti con cánticos." — *Sofonías 3:17*

Cree esta verdad: "He aquí que en las palmas de las manos te tengo esculpida..." — *Isaías 49:16*

¡Eres muy amada y querida!

Análisis personal que te ayuda a vencer

- ¿Te cuesta creer que eres profundamente amada por Dios? ¿Por qué?
- ¿Has buscado amor y aprobación en lugares donde no lo has recibido?
- ¿Cómo cambia tu forma de vivir al saber que ya eres querida por Dios?
- ¿Qué áreas de tu vida necesitan ser sanadas por el amor del Padre?
- Escribe una afirmación personal: "Soy amada porque…"

Palabra para tu alma (para confesar y declarar)

"Soy amada por Dios. Nada puede separarme de Su amor. No tengo que ganarlo. Él me amó aun sin merecerlo. Su amor me sostiene, me sana y me transforma. En cada paso de mi vida, Él me acompaña, porque soy Su amada hija."

Oración final

Padre amado,

Gracias por amarme con un amor que no cambia. Gracias porque no tengo que esforzarme por merecer lo que ya me has dado en plenitud.

Ayúdame a creer esta verdad cada día: soy tu hija amada. Que tu amor sane mis heridas, llene mis vacíos y me dé la seguridad que necesito para vivir en libertad.

En el nombre de Jesús,
Amén.

8

LLENA DE GOZO Y DE VIDA

Mujer llena de gozo y de vida.

¡Querida mujer… resucita… hay un nuevo amanecer!

Te pregunto: ¿Has perdido el gozo? ¿Te sientes medio muerta en vida?

"Yo soy la resurrección y la vida…" — *Juan 11:25*

La resurrección solamente puede ocurrir si alguien está muerto.

Como mujeres, en muchas ocasiones, nos sentimos morir, desfallecer… parece que estamos atrapadas en la vida y perdemos el interés por vivir y soñar. No hay gozo.

A causa de tantas situaciones ocurridas a lo largo de nuestra existencia, perdemos la fuerza, el ánimo y el deseo de continuar. Es un sentimiento de estar "muerta en vida". ¿Ya te has sentido así alguna vez?

Creo que todas, en algún momento, hemos pasado por experiencias traumáticas y dolorosas que nos han desalentado y enfriado nuestro corazón. Puede ser que hayas caído en la trampa del desánimo y que ya no exista en ti la chispa del entusiasmo.

Sientes que no hay esperanza para tu condición, vives sin expectativa y tu gozo se ha perdido… ¡pero hoy es un nuevo amanecer para ti!

Primeramente, comienza por entender que una mujer cristiana llena de gozo y de vida no es necesariamente aquella que nunca tiene problemas, sino aquella que ha aprendido a vivir conectada con la fuente de su gozo: Dios. Su alegría no depende de las circunstancias, sino de Su presencia. Su vida no depende de lo externo, sino de lo eterno.

"Me mostrarás la senda de la vida; en tu presencia hay plenitud de gozo..." — Salmos 16:11

En este día, quiero decirte que existe un poder mayor que nos remueve de la oscuridad y nos transporta a la luz: el poder de la resurrección que existe en Dios a través de su Hijo Jesús.

Este es un día diferente. El sol resplandece como nunca para ti… ¡mira hacia afuera!

¡Hazlo! Ve a la ventana más cercana y solo mira… ¿puedes ver? Es un día lleno de luz, esperanza…

Hoy, mujer amada, sentirás el poder libertador que te hará sentir el verdadero gozo nuevamente.

Este gozo no es una emoción pasajera, es una decisión diaria de creerle a Dios, de confiar en Su fidelidad y de caminar con esperanza incluso cuando el camino es difícil. El gozo del Señor es una fortaleza para la mujer que ha decidido vivir con propósito.

"El gozo de Jehová es vuestra fuerza." — Nehemías 8:10

La mujer que vive con el gozo del Señor no depende del estado de ánimo del mundo, porque ha sido vivificada por el Espíritu Santo. Su corazón late con gratitud. Su boca está llena de alabanza. Sus pasos llevan vida donde va.

El gozo es fruto del Espíritu. No es algo que se compra ni se consigue en el exterior. Es diferente de alegría o felicidad. Estos son pasajeros. El gozo es permanente.

El gozo verdadero nace del Espíritu de Dios que habita en ti. Aunque enfrentes luchas, pérdidas o días difíciles, el gozo del Señor permanece firme, porque Él es fiel.

"Mas el fruto del Espíritu es amor, gozo, paz, paciencia..." — Gálatas 5:22

Hoy experimentarás el deseo de levantarte de esta tristeza y melancolía. Solamente debes poner tu mirada en el que es la fuente del gozo: el Espíritu Santo. ¡Dale una nueva oportunidad a ti misma!

"...En ti están todas mis fuentes de gozo." — Salmos 87:7 (LBLA)

Todo comienza cuando damos el primer paso: decidir ser una mujer llena de vida… incluso en medio de la lucha.

También cabe afirmar que una mujer así no es aquella que lo tiene todo perfecto, sino la que ha decidido vivir plenamente a pesar de las circunstancias. Su vida es testimonio de esperanza. Se levanta con fuerza, sonríe con sinceridad y contagia con su fe.

"…yo he venido para que tengan vida, y para que la tengan en abundancia." — Juan 10:10b

Jesús vino para que tengas vida abundante, no una vida apenas soportable. Él desea que vivas con propósito, pasión, plenitud. Y cuando ese fuego arde en ti, lo demás cambia. Tu rostro lo refleja. Tus palabras lo transmiten.

Tu gozo y tu vida no solo te bendicen a ti: transforman tu hogar, tu entorno y a todos los que te rodean.

"La mujer sabia edifica su casa…" — Proverbios 14:1a

Hoy el Señor Jesucristo, el Hijo de Dios, te dice: "¡Levántate, hija! Yo estoy contigo y te libero de todas tus cargas y cadenas. Te levanto y te resucito de la muerte. Solamente cree en mí."

Aun podemos recordar la palabra de Juan 5 que nos llena de fe. Si lo hizo entonces, lo volverá a hacer otra vez; pero en esta oportunidad, contigo:

"Cuando Jesús lo vio acostado y supo que llevaba ya mucho tiempo así, le dijo: —¿Quieres ser sano?... Levántate, toma tu camilla y

anda. Al instante aquel hombre fue sanado, y tomó su camilla y anduvo." — Juan 5:6,8-9

Tal vez hoy tu corazón se siente cansado, te sientes paralizada luchando con una depresión que ha quitado tu gozo; como si la luz se hubiera escondido y el peso de la vida fuera demasiado para llevar. Pero aun en medio de la oscuridad, hay una verdad que no cambia: Dios está a tu lado.

Él no se aleja cuando lloras, no se cansa de tus silencios ni se asusta de tu tristeza. Su amor permanece constante, aun cuando todo dentro de ti parece tambalear.

La tristeza puede durar una noche, pero el gozo de Dios no es frágil ni momentáneo. Es un gozo que brota del alma cuando decides, aun sin fuerzas, confiar en que Él tiene tu vida en sus manos. No es un gozo superficial, sino uno profundo, que da paz cuando nada más lo hace.

Permítete descansar en Su presencia, sin presión, sin exigencias… solo tú y Él. Porque aun cuando no sientas alegría ahora, Dios está sembrando esperanza en tu corazón, y en el tiempo perfecto, florecerá.

"Aunque la higuera no florezca… con todo, yo me alegraré en el Señor." — Habacuc 3:17-18

En este momento, con este libro en manos, deberás quitar tus ojos de las situaciones y circunstancias que te limitan y oprimen apagando el gozo de tu corazón. Deberás tener fe y creer que llegaste a este punto para tener una cita divina con el único ser del universo: ¡Jesús, el que tiene el poder de cambiar toda y cualquier condición!

Dios te ama y Él no se ha olvidado de ti. A partir de hoy, tu futuro será brillante, lleno de nuevas conquistas y muchos regalos de parte de Dios. ¡Adiós depresión!

Solamente cree y recibe la nueva vida y el nuevo camino que Él coloca delante de ti. Hoy serás fortalecida y transformada, porque eres hija y Él quiere darte lo mejor.

"Fuerza y honor son su vestidura, y se ríe sin temor al futuro." — *Proverbios 31:25*

Análisis personal que te ayuda a vencer

- ¿Estoy viviendo mi día a día con gozo o solo sobreviviendo?
- ¿Qué cosas han intentado robar mi alegría últimamente?
- ¿Cómo puedo permanecer más conectada a la fuente de gozo, que es Dios?
- ¿Estoy dando vida a mi entorno, o me he dejado apagar?
- Escribe una afirmación personal: "Hoy decido vivir con gozo porque…"

Palabra para tu alma (para confesar y declarar)

"El gozo del Señor es mi fuerza. No dependo de las circunstancias para estar llena de vida. Mi corazón está conectado con el cielo. Tengo gozo, tengo esperanza, tengo vida, porque Jesús vive en mí."

Oración final

Señor,

Gracias por llenar mi alma de gozo verdadero. Aun cuando haya dificultades, Tú eres mi alegría.

Ayúdame a vivir cada día conectada contigo, decidida a sonreír, a dar vida y a reflejar Tu amor. Llena mi corazón de Tu Espíritu, y que mi vida sea un río de gozo para mi familia, mi iglesia y mi entorno.

En el nombre de Jesús,
Amén.

9

TAN DULCE Y SUBLIME

Mujer dulce y sublime.

La dulzura es una virtud del corazón que no se impone ni se grita, pero transforma el ambiente, toca vidas y refleja el amor de Dios. Una mujer dulce y sublime no es débil ni pasiva; es sabia, serena, amable, firme en la fe y suave en su trato.

"La mujer sabia edifica su casa; más la necia con sus manos la derriba." — Proverbios 14:1

Una mujer dulce no vive para complacer a todos; vive para agradar a Dios. Su dulzura viene de haber pasado tiempo con Él, de haberse dejado moldear por Su gracia. Es una mujer que ha aprendido que la ternura tiene poder, y que la sabiduría se puede expresar con amor, no con gritos.

"La suavidad de labios quebranta los huesos." — *Proverbios 25:15b*

Ser sublime es vivir por encima de lo común. Una mujer sublime es aquella que ha puesto su corazón en lo eterno, que no se rebaja a la crítica ni a la pelea, que camina con dignidad, se expresa con elegancia espiritual y lleva paz donde va.

"El corazón alegre hermosea el rostro; más por el dolor del corazón el espíritu se abate." — *Proverbios 15:13*

La dulzura y la sublimidad no son adornos externos, sino frutos de un corazón lleno de Dios. Es el Espíritu Santo quien forma en ti ese carácter tierno, maduro, lleno de gracia y firmeza. La dulzura edifica.

"El fruto del Espíritu es... benignidad, bondad, fe, mansedumbre, templanza..." — *Gálatas 5:22-23*

En un mundo donde hay tanto enojo, ruido y orgullo, una mujer dulce es un regalo para su hogar, su iglesia y su comunidad. Su forma de hablar, de reaccionar, de cuidar y de amar construye, anima y sana. No busca venganza ni pelea: busca reconciliación y paz.

"La respuesta suave quita la ira, más la palabra áspera hace subir el furor." — *Proverbios 15:1*

Dios te ha llamado a ser una mujer que deja huella con su ternura, que conquista con sabiduría y que refleja el corazón sublime de Cristo.

¿Qué podría robar la dulzura y el espíritu sublime de la mujer?

La raíz de amargura.

Escribo aquí algo que seguramente hará que cada una de nosotras seamos confrontadas. La confrontación no es algo malo; al contrario, nos despierta a corregir muchos de los problemas personales, incluyendo aquellos alojados en el alma.

Quiero explicarles algo muy fuerte acerca de la raíz de amargura, pero primeramente te invito a hacer una honesta evaluación de tu corazón. Piensa, medita y descubre si, a causa de una herida y la falta de perdón, ha brotado en ti una raíz de amargura que está robando tu dulzura.

Entendamos: las raíces son líneas de iniquidad arraigadas en lo profundo de nuestra alma.

"Mirad bien, para que ninguno deje de alcanzar la gracia de Dios, y para que no brote ninguna raíz de amargura que os perturbe y contamine a muchos." — Hebreos 12:15

En el alma se alojan los sentimientos más profundos, y la amargura está precisamente ubicada allí, causando que uno no alcance la gracia de Dios (consecuencias espirituales), que sea perturbado (opresión demoníaca) y que contamine a muchas personas (rebelión, disensión, división, etc.).

Dentro de nuestra alma, junto a la amargura, pueden residir otros sentimientos, y la Biblia nos instruye a quitarlos de nosotros:

"Quítense de vosotros toda amargura, enojo, ira, gritería y maledicencia, y toda malicia." — Efesios 4:31

Así que el enojo, la ira, la gritería, la maledicencia y la malicia acompañan a la amargura. Y así, somos aprisionadas y nuestra alma cautiva. Por esa razón no logramos ser dulces y sublimes.

El salmista en un momento entendió que su alma estaba amargada y dijo:

"Se llenó de amargura mi alma, y mi corazón sentía punzadas. Tan torpe era yo, que no entendía; era como una bestia delante de ti." — Salmos 73:21-22

La raíz de amargura dentro de nosotros hace que perdamos la perspectiva de lo verdadero; empezamos a ver a la otra persona que supuestamente nos hirió con ojos equivocados y contaminamos a otros con nuestra manera amarga de juzgar.

Con el predominio de la amargura en nuestro corazón, queremos venganza y deseamos mal, generando juicio contra nuestro ofensor. Usualmente traemos la imagen de la persona abajo, pero al hacerlo empezamos a estorbar a muchos.

Este sentimiento tan atroz tiene el poder de traer consecuencias muy terribles; entre ellas, enfermedades como el cáncer, la artritis, daños psicológicos, etc., y también afectan las relaciones trayendo separación, divorcio, escasez y mucho más.

Señales comunes de una raíz de amargura: rencor no resuelto, deseo de venganza, crítica constante, dureza de corazón, falta de perdón, aislamiento emocional y pérdida de gozo y paz. Por eso no logras ser una persona sublime y dulce. Hay que resolver estos conflictos para lograr vivir en paz.

"Veneno de áspides hay debajo de sus labios; su boca está llena de maldición y de amargura." — Romanos 3:13b-14

¡Qué versículo tan fuerte!

Entonces… si detectamos que tenemos una raíz de amargura, ¿qué debemos hacer? ¿Cómo ser libres de la raíz de amargura?

La Biblia nos responde:

"Arrepiéntete, pues, de esta tu maldad, y ruega a Dios, si quizá te sea perdonado el pensamiento de tu corazón; porque en hiel de amargura y en prisión de maldad veo que estás." — Hechos 8:22-23

Reconócelo y confiésalo. Confesar a Dios nuestra condición y arrepentirnos es el único camino.

"Ten piedad de mí, oh SEÑOR, porque estoy en angustia; se consumen de sufrir mis ojos, mi alma y mis entrañas." — Salmos 31:9

"Examíname, oh Dios, y conoce mi corazón…" — Salmos 139:23

Ora y pídele al Espíritu Santo que te muestre si hay amargura escondida. Sé honesta contigo y con Dios.

Perdona de corazón. El perdón no es justificar al otro, sino soltar el derecho de venganza. Decide perdonar, aunque no sientas ganas al principio.

"Perdona nuestras ofensas, así como nosotros perdonamos…" — *Mateo 6:12*

Ora por quien te hirió. Esto rompe el poder del resentimiento.

"Orad por los que os ultrajan y os persiguen." — *Mateo 5:44*

Renueva tu mente con la Palabra. Llena tu mente con la verdad de Dios, no con recuerdos dolorosos.

"No se ponga el sol sobre vuestro enojo, ni deis lugar al diablo." — *Efesios 4:26-27*

Busca ayuda si es necesario. Habla con un líder espiritual o consejero cristiano. A veces el dolor necesita ser procesado con acompañamiento.

También, confesar a la persona que te ofendió cómo te sientes, es una poderosa arma de liberación. De no tratar de librarnos de este mal, contristamos al Espíritu Santo.

Recordemos cómo comienza el versículo de Efesios 4:30-32:

"Y no contristéis al Espíritu Santo de Dios, con el cual fuisteis sellados para el día de la redención. Quítense de vosotros toda amargura, enojo, ira, gritería y maledicencia y toda malicia. Antes sed benignos unos con otros, como Dios también os perdonó a vosotros en Cristo."

Hoy el Señor desea sanarte. Es Su deseo que seas libre de hiel de amargura y que salgas de la prisión de maldad. Abre tu corazón y desciende hasta la raíz, arrancando de una vez por todas todo lo que está creciendo y estorbando tu perfecta relación con Dios y con los demás.

Terminamos entonces recordando Jeremías 30:12-13 y 17:

"Porque así ha dicho el Señor: Incurable es tu quebrantamiento y dolorosa tu llaga. No hay quien juzgue tu causa para sanarte; no hay para ti medicamentos eficaces. Mas yo haré venir sanidad para ti y sanaré tus heridas, dice el Señor."

Al renunciar a la amargura y ser libre de ella, notarás que todo tu ser empieza a ser tomado por una dulce sensación. Dios te llama a reflejar Su dulzura… te llama a ser sublime… a la mansedumbre y a la templanza.

"Un espíritu afable y apacible, que es de grande estima delante de Dios." — 1 Pedro 3:4

Análisis personal que te ayuda a vencer

- ¿Reflejo dulzura en mis palabras y actitudes diarias?
- ¿Qué áreas de mi carácter necesitan ser suavizadas por Dios?
- ¿Confundo dulzura con debilidad o sumisión? ¿Cómo cambia esto al verlo a la luz de la Palabra?
- ¿Cómo puedo ser más intencional al edificar con ternura mi hogar y entorno?

- Escribe una afirmación personal: "Dios me ha llamado a ser dulce y sublime porque…"
- ¿Siento que estoy cargando algo que me consume por dentro?
- ¿Me irrito fácilmente sin razón clara?
- ¿Siento que la vida o Dios han sido injustos conmigo?
- ¿He sentido que mi corazón está "frío" hacia Dios o hacia los demás?
- ¿Evito ver o hablar con alguien por el resentimiento que siento?

Palabra para tu alma (para confesar y declarar)

"Mi dulzura no es debilidad, es fruto del Espíritu. Soy una mujer de Dios, firme en la fe y suave en el corazón. Vivo para reflejar a Cristo con ternura, con paz y con gracia. En mis palabras hay sabiduría. En mis gestos hay amor. En mí vive una mujer dulce y sublime."

Oración final

Señor,

Gracias por llamarme a ser una mujer dulce y sublime. Que mi corazón esté lleno de Tu amor, mi boca de palabras suaves y mi espíritu de humildad.

Ayúdame a vivir con elegancia espiritual, a reaccionar con sabiduría y a caminar en paz. Que otros puedan ver a Jesús en la manera en que trato, hablo y amo.

Señor Jesús, muéstrame si hay amargura en mi corazón. Ayúdame a perdonar como Tú me perdonaste. Renueva en mí un espíritu recto y quita toda carga del alma que no viene de Ti. Hoy decido soltar el dolor y dejar que Tu amor sane mi interior.

En el nombre de Cristo,
Amén.

10

FUERTE

Mujer fuerte.

La verdadera fuerza de una mujer no se mide por lo que soporta en silencio ni por cuánto puede hacer en un día, sino por quién la sostiene cuando siente que no puede más.

Esa fuerza nace en lo secreto, cuando sus rodillas tocan el suelo y su corazón se rinde al único que puede fortalecerla por completo: Dios. En Él encuentra la paz que el mundo no puede dar, el consuelo que no tiene explicación y la valentía para seguir cuando todo parece tan difícil.

La mujer fortalecida por Dios no necesita demostrar su valor para decir que es fuerte. Su identidad es notable, ya que la verdadera mujer fuerte es la que ha sido quebrantada.

Es en su debilidad donde Dios muestra Su poder. Y es allí, justo en ese lugar donde ella siente que no puede más, donde Su gracia la levanta con una fuerza que no viene del mundo, sino del cielo.

"Ella está vestida de fuerza…" — *Proverbios 31:25*

Una mujer fuerte no es la que nunca llora ni la que nunca se cansa. Es aquella que, aun en su fragilidad, corre a Dios, se levanta con fe y sigue adelante cuando otros se rinden. Su fuerza no nace del orgullo ni de la autosuficiencia, sino de una dependencia profunda del Señor.

"Esfuérzate y sé valiente; no temas ni desmayes, porque Jehová tu Dios estará contigo en dondequiera que vayas." — *Josué 1:9*

La fuerza de una mujer no es bruta ni dominante; es una fuerza espiritual, emocional y mental que se ha formado en la oración, en la Palabra, en los procesos y en el fuego de las pruebas. Es fuerte porque ha sido forjada por Dios. Es fortaleza en medio de la prueba.

"Todo lo puedo en Cristo que me fortalece." — *Filipenses 4:13*

Ser fuerte no significa que no tengas momentos de debilidad y luchas, sino que confías en Dios en medio de ellas. Una mujer fuerte se arrodilla, ora, se quebranta… pero luego se levanta con fe, pone su mirada en Cristo y sigue caminando con determinación.

"Dios es el que me ciñe de poder, y quien hace perfecto mi camino." — *Salmos 18:32*

La mujer fuerte es resiliente en Dios. No es aquella que nunca padece situaciones, sino la que se levanta una y otra vez con el rostro inclinado ante Dios y el corazón rendido a Su voluntad.

Su fuerza no nace del orgullo ni del impulso, sino de su dependencia total del Padre. Ella ha pasado por tormentas, ha sido quebrantada, pero no destruida. Ha sido herida, pero no vencida.

Su resiliencia no es solo emocional, es espiritual: es el poder de Dios perfeccionándose en su debilidad; es la gracia que la sostiene cuando sus fuerzas se acaban; es la fe que no se rompe, aunque todo a su alrededor tiemble.

Ella no solo sobrevive, trasciende. No se endurece, sino que crece en compasión. No guarda rencor, sino que aprende a perdonar. Y aunque sus cicatrices cuenten historias difíciles, cada una de ellas es testimonio de la fidelidad de Dios.

Ella es esa mujer que, aunque nadie la vea, Dios la sostiene en secreto y la corona con dignidad, verdad y propósito eterno.

Mujer, Dios ha puesto dentro de ti una resistencia sobrenatural. Él conoce tus cargas, tus batallas, tus lágrimas escondidas. Pero también ha sembrado en ti la capacidad de superar, de persistir y de vencer, porque Su poder se perfecciona en tu debilidad.

"Bástate mi gracia; porque mi poder se perfecciona en la debilidad." — 2 Corintios 12:9

Tu símbolo de fortaleza está en el hecho de que estás rendida a Dios. Tu fuerza no es para que lleves todo sola, ni para que siempre "aguantes" sin ayuda. Es una fortaleza equilibrada por la humildad.

La mujer fuerte sabe cuándo luchar, cuándo descansar, cuándo callar y cuándo hablar. Su fuerza es guiada por el Espíritu Santo.

"Fuerza y honor son su vestidura, y se ríe sin temor al futuro." — Proverbios 31:25

Tú no eres fuerte porque luchas sola. Eres fuerte porque Él te sostiene. Porque Su gracia te cubre. Porque Su Espíritu vive en ti.

Análisis personal que te ayuda a vencer

- ¿En qué áreas de mi vida necesito ser fortalecida hoy?
- ¿He confundido fortaleza con dureza? ¿Cómo puedo equilibrar mi fuerza con humildad?
- ¿Dependo de Dios para ser fuerte, o trato de cargar todo sola?
- ¿Cómo puedo inspirar a otras mujeres a levantarse en la fortaleza del Señor?
- Escribe una afirmación personal: "Soy fuerte porque…"

Palabra para tu alma (para confesar y declarar)

"Soy una mujer fuerte, no porque nunca caigo, sino porque Dios me levanta. Mi fuerza no viene de mí, sino del cielo. En Cristo tengo poder para resistir, avanzar y vencer. No tengo temor del mañana, porque mi fortaleza está en Aquel que nunca falla."

Oración final

Señor,

Gracias porque en Ti soy fuerte. Aun cuando me siento débil, Tú me sostienes con Tu mano poderosa.

Ayúdame a confiar, a seguir caminando con fe y a recordar que no estoy sola. Renueva mis fuerzas, enséñame a depender de Ti cada día y hazme una mujer valiente, firme y rendida a Tu voluntad.

En el nombre de Jesús,

Amén.

11

CAPAZ

Mujer capaz.

Tal vez hoy miras tus errores, tus límites o tus debilidades y piensas que no eres suficiente... pero eso no es lo que Dios ve cuando te mira. Él no se enfoca en lo que te falta, sino en lo que ha puesto dentro de ti.

Tú no tienes que ser perfecta para ser capaz. No debes tenerlo todo bajo control para ser usada por Dios. Él se especializa en levantar a los que se sienten pequeños y en obrar poderosamente a través de lo que el mundo considera débil.

Hay una capacidad que Dios ya depositó adentro de ti. Debes descubrirla y esforzarte en manifestarla.

Donde tú ves incapacidad, Dios ve oportunidad para mostrar Su poder. Donde tú ves ruinas, Él ve terreno fértil para una nueva historia.

"Bástate mi gracia, porque mi poder se perfecciona en la debilidad." — 2 Corintios 12:9

Dios no comete errores. Cuando Él te creó, puso dentro de ti dones, habilidades, talentos, sabiduría y fuerza. Eres más capaz de lo que tú misma crees, porque tu capacidad no viene solo de tu preparación o experiencia, sino de Aquel que te capacita desde adentro.

"Nuestra competencia proviene de Dios." — 2 Corintios 3:5

Muchas mujeres viven sintiéndose insuficientes, comparándose, creyendo que no son "lo bastante buenas". Pero hoy Dios te recuerda:

"Yo te formé con propósito. Yo te capacito. Yo estoy contigo."

La mujer capaz no es la que lo hace todo perfecto, sino la que se levanta con fe y hace lo que Dios le ha encomendado, con excelencia y entrega.

"La mujer virtuosa, ¿quién la hallará? Porque su estima sobrepasa largamente a la de las piedras preciosas." — Proverbios 31:10

Eres capaz porque Dios está contigo. No necesitas hacerlo sola. Cada día, en cada reto, tienes acceso a la sabiduría del cielo. El Espíritu Santo te guía, te recuerda quién eres y te da poder para avanzar. Como mujer capaz en Dios, puedes tomar decisiones, cuidar, liderar, construir, enseñar y levantar a otros.

"Muchas mujeres hicieron el bien; mas tú sobrepasas a todas." — Proverbios 31:29

Tu capacidad no se limita a un solo rol: eres capaz como hija, madre, esposa, trabajadora, líder, sierva, amiga… porque Dios te ha dado inteligencia espiritual, discernimiento, creatividad y poder.

"Se ciñe de fuerza, y esfuerza sus brazos." — Proverbios 31:17

No escondas lo que Dios te dio. Hay muchas mujeres que han enterrado sus talentos por miedo, inseguridad o heridas del pasado. Pero Dios no te llamó a esconderte, sino a multiplicar lo que Él ha puesto en tus manos. Tu capacidad no es para orgullo, sino para servir y glorificar a Dios.

"No temas, porque yo estoy contigo; no desmayes, porque yo soy tu Dios que te esfuerzo." — Isaías 41:10

Quiero hablarte de mujer a mujer, como si yo estuviera viendo tus ojos y tomando tus manos en las mías: cuando te sientes incapaz, débil o como si no fueras suficiente… quiero recordarte una verdad eterna: tú no fuiste llamada a hacerlo todo sola.

Dios no busca perfección, busca corazones dispuestos. No necesitas tener todas las respuestas, solo necesitas seguir confiando en Aquel que te llamó.

Tu valor no está en lo que logras, sino en lo que Dios ya logró por ti.

"Bástate mi gracia; porque mi poder se perfecciona en la debilidad." — 2 Corintios 12:9

¿Te sientes débil? Ahí mismo se activa Su poder.

¿Te sientes pequeña? Ahí Él se hace grande.

¿Te sientes sin fuerzas? Ahí Él te carga en Sus brazos.

La voz del miedo dice: "No puedes", pero la voz del Padre dice:

"Yo estoy contigo, y eso es suficiente."

Así que levanta tu mirada, aunque sientas las lágrimas correr. No eres invisible, no eres un error, y no estás sola. Dios te ve, te ama y sigue escribiendo tu historia. ¡Eres muy capaz!

Cree otra vez. Camina otra vez. Levántate otra vez. ¡Cree en Dios y en ti misma!

Porque en Cristo, tú sí puedes. ¡Eres capaz! Porque el Señor te respalda, te guía y te equipa. Solo necesitas creerle a Él más de lo que crees tus dudas.

Análisis personal que te ayuda a vencer

- ¿Qué mentiras sobre mi capacidad he creído?
- ¿En qué áreas de mi vida me cuesta sentirme suficiente?
- ¿Cómo puedo empezar a usar los talentos y dones que Dios ha puesto en mí?
- ¿Qué me está impidiendo avanzar con valentía en lo que Dios me ha llamado?
- Escribe una afirmación personal: "Soy capaz porque…"

Palabra para tu alma (para confesar y declarar)

"Soy una mujer capaz porque Dios vive en mí. Él me hizo con intención y propósito. No necesito compararme ni probar nada, solo avanzar con fe. En cada reto, en cada día, tengo todo lo necesario para cumplir con lo que Él me ha llamado a hacer. ¡Soy suficiente en Cristo!"

Oración final

Señor,

Gracias por hacerme una mujer capaz en Ti. Hoy renuncio a la inseguridad, la comparación y el miedo.

Recibo Tu verdad: soy suficiente porque Tú me hiciste así. Capacítame cada día para vivir con propósito, para usar lo que me diste y para honrarte con mi vida.

Creo que soy capaz.

En el nombre de Jesús,
Amén.

12

VENCEDORA

Mujer vencedora.

El enemigo de nuestra alma quiere formar una idea equivocada de nosotras mismas en nuestra mente. Para esto ha usado circunstancias, experiencias, traumas, vivencias, personas lejanas y aún muy cercanas para influenciar en la imagen que tenemos de nosotras mismas. Él desea hacer de nosotras mujeres perdedoras.

No es ninguna novedad que las mujeres que están viviendo en el mundo actual estén sufriendo fuertes influencias del enemigo en sus vidas. De hecho, muchas han estado aprisionadas por generaciones enteras y viven bajo la tortura de las voces incorrectas acerca de ellas mismas.

Pero te pregunto lo siguiente: ¿por qué constantemente andar en derrota y en luchas, sintiéndote como perdedora?

Preguntémonos por un instante el porqué de tantas mujeres viviendo bajo depresión, ansiedad y temor; esto sin incluir pecados mayores, y que constantemente están bajo diferentes tipos de ataques, ¿sintiéndose derrotadas?

¿Por qué será que, a pesar de que algunas han recibido a Jesús en sus corazones, están viviendo una vida de derrota, negativismo y fracaso?

¿Por qué será que las mujeres siempre están bajo circunstancias complicadas y batallas, controladas por hábitos, comportamientos e ideas que definitivamente no tienen nada que ver con una vida de éxito y victoria? ¿Tantas veces llenas de traumas, heridas, odio, amargura, resentimiento, falta de perdón, voces ajenas, etc.?

Aun haciendo referencia a mujeres cristianas, quiero aclarar, después de estar en el ministerio por 38 años, que ser cristiana no significa de ninguna manera que no pasaremos por pruebas y situaciones que sacudirán nuestro concepto de nosotras mismas.

Las circunstancias adversas son muy reales, y nosotras, las mujeres, estamos tan acostumbradas a tener el instinto de controlar todo, que cuando finalmente se escapa de nuestra habilidad de hacerlo, sentimos que el piso se nos mueve y comenzamos a descubrir las verdaderas intenciones y comportamientos internos que nunca pensamos existir dentro nuestro.

La vida y sus experiencias nos enseñan... nos hacen crecer... nos hacen ver que no sabemos todas las cosas y, aunque hacemos planes, Dios tiene siempre la última palabra.

Pero hay una verdad:

Una mujer vencedora no es aquella que nunca ha caído, sino la que ha decidido no quedarse en el suelo. Es la que, con la fuerza del Espíritu Santo, se levanta, enfrenta el día, resiste la batalla y sigue creyendo aun cuando todo parece en contra.

Eres vencedora, no por tus fuerzas, sino por Aquel que vive en ti.

"Antes, en todas estas cosas somos más que vencedores por medio de aquel que nos amó." — Romanos 8:37

El enemigo puede lanzar mentiras, desafíos y pruebas, pero tú tienes una identidad espiritual firme: no eres víctima de las circunstancias, eres hija del Dios vencedor, y Su victoria es tu herencia.

"Todo lo que es nacido de Dios vence al mundo; y esta es la victoria que ha vencido al mundo, nuestra fe." — 1 Juan 5:4

Vencedora no significa que a veces no enfrentemos pérdidas. Muchas mujeres creen que, para ser vencedora, deben tener todo bajo control. Pero una mujer vencedora puede tener cicatrices, puede haber llorado, puede haber dudado... pero decidió no rendirse. Decidió confiar, seguir y pelear la buena batalla de la fe.

"He peleado la buena batalla, he acabado la carrera, he guardado la fe." — 2 Timoteo 4:7

Dios no busca mujeres perfectas, busca mujeres dispuestas a creerle. Mujeres que, aun en medio de la tormenta, declaran: "Dios está conmigo. Yo voy a salir de esta. En Cristo, ya tengo la victoria."

Tal vez sientes que perdiste oportunidades, que fallaste, que no estás donde esperabas estar. Tal vez el peso de tus errores o de lo que no salió como soñaste te hace sentir como una perdedora… pero permíteme recordarte algo poderoso: Dios no te llama por tus fracasos, Él te llama *"vencedora"*.

Él no mide tu valor por tus logros ni te desecha por tus caídas. Al contrario, Él es experto en levantar a los caídos, en restaurar lo que parece roto y en escribir nuevos comienzos cuando tú crees que todo terminó.

Tu historia no está acabada. Dios sigue escribiendo. Y en Sus manos, incluso tus fracasos pueden convertirse en testimonio. Lo que el enemigo quiso usar para destruirte, Dios lo usará para fortalecerte.

No eres una perdedora. Eres una hija amada del Dios que nunca pierde.

"Jehová sostiene a todos los que caen, y levanta a todos los oprimidos." — Salmos 145:14

Tú tienes autoridad en Cristo. Tu victoria no está en ti misma, sino en Jesús. Pero cuando te alineas con Su verdad, puedes caminar con autoridad, seguridad y firmeza como una vencedora. Puedes orar con poder, hablar con fe y avanzar con paso firme, sabiendo que el enemigo está vencido y tú estás en el equipo del ganador.

"He aquí os doy potestad de hollar serpientes y escorpiones, y sobre toda fuerza del enemigo, y nada os dañará." — Lucas 10:19

Cada batalla que enfrentas es una oportunidad para ver la gloria de Dios en tu vida. No estás sola. ¡Dios pelea por ti!

No eres una perdedora, eres una obra en proceso. Eres una hija del Rey, en medio de un proceso sagrado. ¡Naciste para vencer!

Tal vez sientes que todos van adelante y tú te has quedado atrás. Pero escúchalo bien: Dios te mide por Su propósito en ti. Él no ve tus caídas como el final, sino como parte del camino hacia tu victoria.

"El justo cae siete veces, pero vuelve a levantarse."
— Proverbios 24:16

¿Sabes qué significa eso? Que fracasar en la vida no te quita tu identidad de vencedora. Que perder una batalla no significa perder la guerra. Que, a pesar de lo que creas sobre ti misma, Dios todavía cree en ti.

Tu historia no ha terminado. El enemigo quiere que creas que ya perdiste, pero Dios dice: "¡Estoy comenzando algo nuevo!"

"He aquí que yo hago cosa nueva; pronto saldrá a luz; ¿no la conoceréis? Otra vez abriré camino en el desierto, y ríos en la soledad." — Isaías 43:19

Así que levántate, aunque tiemble tu voz. Levántate con lágrimas si hace falta, pero con fe en que Aquel que empezó la buena obra en ti la terminará.

No eres una perdedora. Eres una guerrera. Eres una hija con un testimonio en formación. Eres una vencedora.

Análisis personal que te ayuda a vencer

- ¿En qué áreas de mi vida necesito creer que ya tengo la victoria?
- ¿Estoy enfrentando las batallas con fe o con miedo?
- ¿Qué me está robando la seguridad de que soy vencedora en Cristo?
- ¿Cómo puedo caminar más firmemente en la autoridad espiritual que Dios me dio?
- Escribe una afirmación personal: "Soy una mujer vencedora porque…"

Palabra para tu alma (para confesar y declarar)

"Soy una mujer vencedora. No por lo que siento, sino por lo que creo. Aun cuando la batalla es dura, sé en quién he confiado. Cristo venció, y en Él yo también vencí. Nada me separará de Su amor, y ninguna arma del enemigo prevalecerá contra mí. ¡Yo tengo la victoria!"

Oración final

Señor,

Gracias porque en Ti soy más que vencedora. No por mi fuerza, sino por Tu gracia.

Aunque vengan pruebas, me mantendré firme en Tu Palabra. Renueva mis fuerzas, fortalece mi fe y ayúdame a caminar en la autoridad que me has dado.

Hoy declaro que soy una mujer que vence, avanza y confía.

En el nombre poderoso de Jesús,
Amén.

13

VALIENTE

Mujer valiente.

La valentía de una mujer cristiana no se mide por la ausencia de miedo, sino por la capacidad de avanzar a pesar del miedo. La valentía nace de la confianza en Dios y la certeza de que Él está contigo en cada paso, en cada batalla, en cada decisión.

"Esfuérzate y sé valiente; no temas ni desmayes, porque Jehová tu Dios estará contigo en dondequiera que vayas." — Josué 1:9

Ser valiente no significa ser imprudente, sino tener un corazón firme que sabe que, aunque las circunstancias sean difíciles, Dios es más grande y Su promesa es segura.

"En el día que temo, yo en ti confío." — Salmos 56:3

La mujer valiente se enfrenta a los retos con fe, no se deja paralizar por el miedo ni por la duda, porque sabe que su valor no está en sus fuerzas, sino en la presencia constante del Espíritu Santo que la guía y fortalece. Dios la hace valiente.

"El Señor es mi luz y mi salvación; ¿a quién temeré?" — *Salmos 27:1*

Tu valentía no solo te sostiene a ti, sino que es un testimonio poderoso para otros. Cuando decides vivir con fe, inspiras a otras mujeres a confiar en Dios y a dar pasos para creerle.

Mujer fuerte, valiente y decidida, su valor es incomparable porque está fundamentada en creerle a Dios y colocar en Él su confianza. Es la paz que viene solo de Su Espíritu.

"Y la paz de Dios, que sobrepasa todo entendimiento, guardará vuestros corazones y vuestros pensamientos en Cristo Jesús." — *Filipenses 4:7*

Tu valentía es un reflejo del amor perfecto de Dios que echa fuera todo temor.

"El amor perfecto echa fuera el temor." — *1 Juan 4:18*

Una experiencia personal

Las experiencias negativas pueden marcar nuestra vida tan profundamente que amenazan con destruir nuestro sentir de valentía. Y voy a aprovechar este capítulo para relatar una experiencia personal:

Así lo viví durante un vuelo en el que enfrentamos un aterrizaje de emergencia grave después de un incendio en el avión a 30 mil pies de altura.

El pánico, la incertidumbre y el temor a perder a mi familia me sumergieron en una oscuridad emocional que no se detuvo al aterrizar. Aquel evento fue solo el detonante de muchas heridas acumuladas, agotamiento ministerial, situaciones familiares y cargas emocionales no sanadas, además de una deficiencia de vitamina D.

A causa de este evento, comencé a experimentar ansiedad intensa y síntomas físicos como falta de aire y fatiga. Me sentía impotente y culpable, porque siendo una líder espiritual, debería haber sido más valiente, especialmente como alguien acostumbrada a ayudar a otros. Pero no fue así.

Sentí miedo… mi valentía y fuerza desaparecieron.

Finalmente, busqué ayuda en Dios y también profesional, y fue de gran valor y sanidad para mí.

Aprendí una gran lección. Este proceso me enseñó que no todo es espiritual; también hay causas físicas y emocionales que debemos atender sin vergüenza ni culpa. A través del tratamiento médico y la gracia de Dios, fui completamente restaurada.

No ignores tus señales internas. Dios no te llamó para vivir paralizada por el miedo. Examina tu cuerpo, alma y espíritu. No te detengas. Muchas veces estamos teniendo síntomas emocionales que no necesariamente tienen su raíz en una causa espiritual. Como mencioné anteriormente, la parte física juega un papel importante en debilitarnos y dejarnos susceptibles a pensamientos e ideas equivocadas acerca de situaciones.

Hoy es el día de identificar lo que te está frenando, quitando tu valentía, y creer que en Dios hay sanidad completa para seguir adelante siendo una mujer valiente.

Nuestra valentía muchas veces será probada. Por esta razón, en toda ocasión debemos reconocer que dependemos de Dios en todo.

"En el amor no hay temor, sino que el perfecto amor echa fuera el temor; porque el temor lleva en sí castigo. De modo que el que teme, no ha sido perfeccionado en el amor." — 1 Juan 4:18

Análisis personal que te ayuda a vencer

- ¿Qué miedos necesito entregar a Dios hoy?
- ¿Cómo puedo ser más valiente en las decisiones que debo tomar?
- ¿De qué manera puedo inspirar a otras mujeres a vivir con valentía?
- ¿Cómo me ha ayudado Dios a vencer el miedo en el pasado?
- Escribe una afirmación personal: "Soy valiente porque…"

Palabra para tu alma (para confesar y declarar)

*"Soy una mujer valiente porque Dios camina conmigo.
Aunque sienta miedo, avanzo con fe y confianza. Mi valor
no depende de mis fuerzas, sino del amor y la protección
de mi Padre celestial. Hoy decido ser valiente y confiar
plenamente en Él."*

Oración final

Señor,

Gracias porque me llamas a ser valiente.

Ayúdame a no dejar que el miedo controle mi vida. Fortalece mi corazón, aumenta mi fe y enséñame a confiar en Ti en cada situación.

Que mi valentía sea un testimonio de Tu poder y amor.

En el nombre de Jesús,
Amén.

14

SIEMPRE AVANZANDO

Mujer que siempre Avanza.

La vida cristiana es un camino lleno de desafíos, cambios y, a veces, incertidumbre. Pero la mujer que siempre avanza es aquella que no se detiene por cualquier razón. Ella lucha en contra del doble ánimo y toma sus fuerzas de principios espirituales.

No se permite dominar por las emociones y excusas. Tiene un sentido de responsabilidad y opera en la fuerza del Espíritu de Dios.

Sabe que Dios la está haciendo crecer y que cada paso, aunque pequeño, la lleva hacia el propósito que Él tiene para ella.

"No te detengas ni a la derecha ni a la izquierda; aparta tu pie del mal." — Proverbios 4:27

Avanzar no significa que no tengas tropiezos o caídas, sino que siempre te levantas, sigues caminando y no te conformas con quedarte en un lugar. Dios honra la constancia y el esfuerzo, y cada paso dado con fe es una victoria.

"Así que, hermanos, os ruego por las misericordias de Dios que presentéis vuestros cuerpos como sacrificio vivo, santo, agradable a Dios, que es vuestro culto racional. No os conforméis a este mundo, sino transformaos por medio de la renovación de vuestro entendimiento, para que comprobéis cuál sea la buena voluntad de Dios, agradable y perfecta." — Romanos 12:1-2

La mujer que siempre avanza busca aprender en cada experiencia, crecer en su relación con Dios y no se detiene a lamentar el pasado. Ella entiende que cada día es una nueva oportunidad para avanzar en amor, fe y propósito. Jamás permitirá quedar presa a las circunstancias pasadas, sino que busca sanar en Dios cualquier conflicto que la pueda paralizar de avanzar y conquistar.

"Olvidando lo que queda atrás, y extendiéndome a lo que está adelante, prosigo a la meta." — Filipenses 3:13-14

El avance constante es una señal de madurez espiritual y determinación. A veces avanzar es pedir ayuda, otras es perdonar, y otras es simplemente levantarse con fuerza renovada.

Salir de lo que te impide avanzar no es fácil, pero es posible. Aquí hay algunos pasos para comenzar ese camino:

- Reconoce tu historia, pero no te quedes allí. Mira atrás solo para aprender, no para seguir allá. Cada experiencia, buena o mala, te ha formado, pero no te limita. Agradece lo que te enseñó y suéltalo.

- Perdónate y perdona. El perdón no borra el pasado, pero sí rompe las cadenas que lo mantienen vivo. Perdonarte es un acto de amor propio; perdonar a otros, un acto de liberación.

- Cambia tu diálogo interior. Deja de decir: "no puedo", "ya es tarde", "no soy suficiente". Tu mente cree lo que tú le repites. Empieza a hablarte como la mujer poderosa que realmente eres.

- Enfrenta la pereza y las excusas con acción. No necesitas sentirte motivada para comenzar; necesitas comenzar para encontrar motivación. Un pequeño paso cada día es mejor que ningún paso.

- Rodéate de personas que te impulsen, no que te limiten. Hay ambientes que alimentan tus sueños y otros que los apagan. Escoge con sabiduría con quién compartes tu vida.

- Conecta con tu propósito. Pregúntate: ¿qué sueño he dejado enterrado por miedo, culpa o inseguridad? Comienza a trabajar por él, aunque sea en silencio, aunque sea en pequeño.

Mujer querida, no te detengas. Tú ya no eres tu pasado, ni tus excusas o miedos. Eres un presente lleno de poder y un futuro esperando ser conquistado.

Cada día es una nueva oportunidad para levantarte, sacudirte del polvo y dar un paso más hacia tus sueños. No retrases más. Aunque no hayas podido otras veces, puedes comenzar de nuevo. Tú puedes. Tú mereces. Y, sobre todo, tú vales.

Análisis personal que te ayuda a vencer

- ¿En qué áreas de mi vida necesito avanzar más?
- ¿Qué me ha detenido en el pasado y cómo puedo dejarlo atrás?
- ¿Cómo puedo apoyarme en Dios para dar el próximo paso con confianza?
- ¿De qué manera puedo crecer en mi fe mientras avanzo?
- Escribe una afirmación personal: "Siempre avanzo porque…"

Palabra para tu alma (para confesar y declarar)

"Soy una mujer que siempre avanza, porque sé que Dios está guiando mis pasos. No me quedo atrapada en el pasado ni en el miedo. Cada día es una oportunidad para crecer, aprender y acercarme más a mi propósito divino. Avanzo con fe y esperanza, porque mi fuerza viene del Señor."

Oración final

Padre celestial,

Gracias porque nunca me abandonas y me impulsas a seguir adelante.

Ayúdame a no detenerme, a confiar en Tus planes y a avanzar con valentía y constancia.

Renueva mi corazón cada día para que pueda caminar firme en el camino que Tú has trazado.

En el nombre de Jesús,
Amén.

15

SIENTO EL VIENTO EN MI ROSTRO. ¡NADA ME DETENDRÁ!

Este capítulo habla de libertad. ¡Libre, por fin!

Infelizmente muchas mujeres viven presas. No tras las rejas de una cárcel física, sino en una prisión más profunda y silenciosa: el pasado, la culpa, el temor, la opinión de los demás, el "no soy suficiente".

Esas mujeres se mueven, sí, pero no son libres. Respiran, pero no viven.

Hoy te llamo a escuchar la voz de Aquel que rompe cadenas:

"Para libertad fue que Cristo te hizo libre." — *Gálatas 5:1*

Este versículo bíblico lo cambia todo, porque Cristo no vino solo a perdonar nuestros pecados, sino a romper nuestras cadenas. No vino solo a darnos salvación eterna, sino una vida abundante aquí y ahora. Una vida donde el viento del Espíritu nos impulsa a avanzar, a correr, a volar… sin miedo. ¡Somos libres!

¿Qué significa ser verdaderamente libre en Cristo?

- No es una libertad para hacer lo que quiero.
- Es una libertad para ser quien realmente soy: hija de Dios, redimida, escogida, amada, y todo lo que dice la canción Esa mujer soy yo que escribí.
- Es la libertad de ya no definirme por mis errores, sino por el hecho de haber sido perdonada por Dios.
- La libertad de no temer al futuro, porque mi historia está en manos eternas.
- La libertad de levantarme cada mañana con propósito, sabiendo que mi vida no es casualidad, sino parte de un plan perfecto.
- La libertad en Cristo que me empuja a vivir sin excusas.

Fuimos alcanzadas por Su inmensa gracia y esto me hace ser aún más agradecida y fiel cada día.

Ya no puedo quedarme estancada en la queja, en la pereza espiritual, en el "algún día".

¡Cristo me hizo libre para actuar, para amar, para servir, para brillar para Él!

No fue una libertad barata. Costó sangre. Por eso no la puedo desperdiciar.

La vida presenta desafíos que pueden querer detenernos: problemas, críticas, miedo, cansancio o dudas. Pero la mujer que conoce su identidad en Dios sabe que ningún obstáculo es mayor que la fuerza que recibe de Él.

Ella declara con fe y valentía: "Nada me detendrá porque Dios está conmigo."

"El que comenzó en vosotros la buena obra, la perfeccionará hasta el día de Jesucristo." — Filipenses 1:6

Nada puede impedir que cumplas el propósito para el cual Dios te creó. Puede haber tropiezos, sí, pero la voluntad de Dios es que seas perseverante, confiada y firme en Su camino.

"El Señor peleará por vosotros, y vosotros estaréis tranquilos." — Éxodo 14:14

Cuando tu fuerza parece acabarse, recuerda que el Espíritu Santo renueva tu ánimo y te impulsa a seguir:

"Pero los que esperan a Jehová tendrán nuevas fuerzas; levantarán alas como las águilas; correrán, y no se cansarán; caminarán, y no se fatigarán." — Isaías 40:31

Cuando el viento del Espíritu sopla, me levanta del polvo. Me saca del miedo. Me recuerda que nada me detendrá si estoy en Aquel que todo lo puede… porque ya no camino sola.

Sí, habrá obstáculos.

Sí, hay días en que los viejos hábitos quieren regresar.

Pero ahora sé algo que antes ignoraba: la libertad es una batalla que ya fue ganada.

Mi única tarea es caminar en ella, mantener los ojos en Jesús y avanzar con los pies firmes, aunque tiemble el suelo.

Hoy siento el viento en mi rostro. Es el viento del Espíritu que me recuerda:

Estás viva. Estás libre. Vaya… disfruta tu libertad en Cristo. Nada te detendrá.

Análisis personal que te ayuda a vencer

- ¿Qué obstáculos han intentado detenerme y cómo he respondido?
- ¿Cómo puedo fortalecer mi fe para enfrentar lo que venga?
- ¿En qué momentos he sentido que Dios me sostuvo para no detenerme?
- ¿Qué promesas bíblicas puedo recordar para seguir adelante con confianza?
- Escribe una afirmación personal: "Nada me detendrá porque…"

Palabra para tu alma (para confesar y declarar)

"Nada me detendrá porque Dios es mi fuerza y mi guía. Aunque los vientos soplen fuerte y las pruebas parezcan grandes, yo confío en Él. Mi fe es más fuerte que cualquier obstáculo, y con Su ayuda seguiré adelante hasta alcanzar la meta."

Oración final

Señor,

Gracias porque eres mi fuerza y mi escudo.

Hoy declaro que nada me detendrá, porque Tú vas delante de mí.

Renueva mi espíritu, fortalece mi corazón y guíame para que cada paso que dé sea firme y seguro.

Que Tu paz me acompañe y que Tu poder me impulse a seguir.

En el nombre de Jesús,

Amén.

16

CORRO A MI DESTINO

La mujer que corre a su destino sabe que su vida tiene un propósito divino y que cada paso la acerca más a la meta que Dios ha puesto en su corazón. No camina despacio ni se detiene por miedo o inseguridad. Corre con fe, pasión y convicción, sabiendo que Dios está guiando sus pasos.

"¿No sabéis que los que corren en el estadio, todos a la verdad corren, pero uno solo se lleva el premio? Corred de tal manera que lo obtengáis." — 1 Corintios 9:24

Correr hacia tu destino implica dejar atrás las dudas, las distracciones y los temores. Es enfocarte en lo que Dios ha puesto en tu vida y perseguirlo con todo tu ser.

"Olvidando lo que queda atrás, y extendiéndome a lo que está adelante, prosigo a la meta, al premio de la soberana vocación de Dios en Cristo Jesús." — Filipenses 3:13-14

Corre con fuerza y perseverancia. A veces la carrera puede ser agotadora, pero la mujer que corre a su destino en Dios sabe que no está corriendo sola. El Señor la fortalece, la renueva y le da la energía para seguir adelante, sin importar los obstáculos.

"Pero los que esperan a Jehová tendrán nuevas fuerzas; levantarán alas como las águilas; correrán, y no se cansarán; caminarán, y no se fatigarán." — Isaías 40:31

No te canses. Hay que persistir y no desistir de esta carrera en esta tierra. Nuestra línea de llegada es la eternidad. Es la carrera hacia el propósito eterno de Dios para tu vida.

No es una competencia con otros, sino una obediencia con dirección.

Cada paso, cada decisión, cada acto de fe te acerca más al destino que Él diseñó para ti desde antes de que nacieras. Y aunque hay momentos en que las fuerzas parecen agotarse, en Él encontrarás lo que tu alma anhela: fortaleza renovada.

Dios no te llamó a correr sola. El mundo dice: "hazlo por ti misma". Cristo dice: *"hazlo conmigo"*. Eso lo cambia todo.

No corras por tu cuenta, ni en tus propias fuerzas.

Corre con el viento del Espíritu empujando tu espalda, con el aliento del Padre animándote con Su Palabra, y con los ojos puestos en Jesús, el autor y consumador de tu fe.

La meta no es el éxito, es obedecer hasta llegar al cielo.

A veces creemos que correr hacia el destino significa lograr, producir, alcanzar… Pero en Dios, el destino no es un lugar ni una posición, es una persona: Cristo.

El deseo es llegar al final y abrazarlo cuando crucemos la línea de llegada. El éxito en esta carrera no se mide por aplausos, sino por perseverancia y obediencia.

¿Qué te hace cansar?

No es el correr lo que agota; es correr sin propósito.

Es tratar de cargar lo que Dios nunca te pidió.

Es avanzar con tus fuerzas, sin renovarte en oración.

Es mirar a los lados y compararte, en vez de mirar al cielo y confiar.

Tu fuerza para correr viene de Dios. *Isaías* lo prometió: *"Correrán, y no se cansarán."*

Pero hay una condición: *"esperar en el Señor."*

Esperar no es pasividad. Es permanecer conectada.

Es hacer pausa para ser llena de Su fuerza.

Es recordar que cuando te debilitas, Él te fortalece.

Entonces, sigue corriendo, porque el que te llamó es fiel.

Tal vez vendrán días en que no tengas el deseo de correr.

Hay momentos en que parece que retrocedes.

Pero sigue corriendo, porque esta carrera es por fe, no por vista. Y la meta no es solo llegar, es ser transformada en el camino.

La clave es mantener la mirada fija en Dios, no perder el foco y confiar en que Él es quien dirige el camino.

Así que corre. No por fama. No por aprobación.

Corre porque tienes una meta final.

Corre porque Su gracia te impulsa.

Y aunque tus piernas tiemblen y haya lágrimas en tus ojos, corre… corre porque Él te espera en la línea de llegada.

Análisis personal que ayuda a vencer:

- ¿Qué destino o propósito siento que Dios ha puesto en mi corazón?

- ¿Qué me está impidiendo correr con libertad hacia ese destino?

- ¿Cómo puedo mantener mi enfoque en Dios durante mi carrera?

- ¿En qué momentos he sentido la fuerza de Dios para seguir adelante?

- Escribe una afirmación personal: "Corro a mi destino porque…"

Palabra para tu alma (para confesar y declarar)

"Corro a mi destino con confianza y determinación. No permito que las dudas ni los temores me detengan. Dios es mi guía y mi fuerza, y sé que Él me ha llamado a cumplir un propósito grande y hermoso. Cada paso me acerca más a la vida que Él ha preparado para mí."

Oración final

Padre amado,

Gracias porque me has llamado a una carrera llena de propósito y esperanza.

Ayúdame a mantener la mirada fija en Ti, a correr con fuerza y perseverancia, y a confiar en que Tú enderezarás mis caminos.

Que cada paso que dé sea para Tu gloria.

En el nombre de Jesús,
Amén.

Mujer: Proyecto de Dios

(Inspirado en el Salmo 139)

Escrita por: Jeannie Lein

CD: Mujer Completa

ÉL NO MIRA MIS LIMITACIONES
Y ME CUIDA SIN CONDICIONES
ME LEVANTA CUANDO ESTOY CAÍDA
POR EL CREADOR FUI ELEGIDA

ANTES MISMO QUE EXISTIERA
EN SUS PLANES YO YA VIVÍA
EN EL VIENTRE DE MI MADRE
SU MANO ME FORMÓ

SOY PROYECTO DE MI PADRE
MI DESTINO ESTÁ EN SUS MANOS
ÉL CUMPLIRÁ EN MÍ SUS SUEÑOS
SOY SU HIJA Y ÉL MI DUEÑO.

17

DIOS TODO LO CUMPLIRÁ

Fiel es el que prometió.

"Mantengamos firme, sin fluctuar, la profesión de nuestra esperanza, porque fiel es el que prometió." — Hebreos 10:23

Esperar no es fácil, pero vale la pena.

Vivimos en un mundo que celebra lo inmediato. Todo se mueve rápido, y si algo tarda más de lo esperado, fácilmente dudamos. Pero en el Reino de Dios, las cosas no se miden por la rapidez, sino por la fidelidad. Y una verdad eterna permanece: Dios siempre cumple lo que promete.

A lo largo de las Escrituras, vemos una constante: Dios hace promesas, y Él mismo se encarga de cumplirlas. No hay una sola palabra de Su boca que caiga a tierra sin propósito. A veces el cumplimiento tarda, sí, pero nunca falla. Porque Dios no se olvida, no se retracta, no miente y no cambia.

Dios le prometió a Abraham que sería padre de muchas naciones, pero pasaron años — ¡décadas! — antes de ver siquiera el primer hijo de esa promesa. ¿Cómo se sostiene la fe cuando los días se vuelven años y los años, silencio? La respuesta está en lo que Abraham descubrió:

"No dudó, por incredulidad, de la promesa de Dios, sino que se fortaleció en fe, dando gloria a Dios, plenamente convencido de que era también poderoso para hacer todo lo que había prometido." — Romanos 4:20-21

Dios no se olvidó de Abraham, y no se ha olvidado de ti.

En el caso de José, fue la promesa en proceso. Soñó con grandeza, pero antes de ver ese sueño cumplido, fue traicionado, vendido como esclavo y encarcelado injustamente. ¿Acaso se equivocó Dios al mostrarle un futuro glorioso? Claro que no. Cada paso, por más difícil que fue, lo llevó más cerca de lo que Dios ya había dicho.

El salmista lo resume así:

"Hasta que se cumplió su palabra, el dicho de Jehová lo probó." — Salmo 105:19

Tal vez estás en la etapa del "hasta que se cumplió". No lo ves aún, pero Dios está obrando detrás de lo visible. Su silencio no es ausencia y su demora no es olvido. Él es fiel.

¡Con Jesús fue la promesa cumplida más gloriosa! La mayor prueba de que Dios cumple lo que promete está en Jesucristo. Desde el principio, Dios habló de un Salvador. A lo largo de generaciones, repitió esa promesa. Cuando todo parecía perdido, vino Jesús, nacido de mujer, en el tiempo exacto, para cumplir cada palabra dicha.

"Porque todas las promesas de Dios son en Él 'sí' y en Él 'amén', por medio de nosotros, para la gloria de Dios." — 2 Corintios 1:20

Cuando decidimos confiar en Dios, podemos descansar en la seguridad de que Él es fiel para cumplir cada promesa que ha hecho. No importa cuánto tiempo tarde, ni las circunstancias que parezcan contradecir sus planes: Dios es un Dios de palabra, y su fidelidad nunca falla.

"...así dice el Señor omnipotente: 'Mis palabras se cumplirán sin retraso: yo cumpliré con lo que digo. Lo afirma el Señor omnipotente'." — Ezequiel 12:28

A veces la espera es difícil, pero Dios usa ese tiempo para prepararnos, fortalecer nuestra fe y alinear nuestro corazón con Su voluntad.

"El corazón del hombre piensa su camino; más Jehová endereza sus pasos." — Proverbios 16:9

Nunca dudes que lo que Dios prometió, lo cumplirá. Sus planes son perfectos y Su tiempo es el mejor.

"Dios no es hombre para que mienta..." — Números 23:19

"Porque el Señor tu Dios está en medio de ti, poderoso para salvar; se gozará sobre ti con alegría, callará de amor, se regocijará sobre ti con cánticos." — Sofonías 3:17

"Deléitate en Jehová, y Él cumplirá los deseos de tu corazón." — Salmos 37:4-5

"Porque yo sé los pensamientos que tengo acerca de vosotros, dice Jehová, pensamientos de paz, y no de mal, para daros el fin que esperáis." — Jeremías 29:11

¿Entonces? ¿Qué estás esperando?

Quizás estás esperando por sanidad, provisión, dirección, restauración familiar, o el cumplimiento de un llamado. Tal vez las promesas de Dios parecen lejanas. Pero hoy quiero recordarte: el Dios que prometió es fiel. No se ha olvidado de ti.

Tal vez no sabes cuándo ni cómo se cumplirá, pero puedes descansar en quién lo prometió. Su fidelidad no depende de tus emociones, tu comportamiento o tus circunstancias. Depende de Su naturaleza, y Él es fiel.

Análisis personal que te ayuda a vencer:

- ¿En qué áreas necesito confiar más en la fidelidad de Dios?
- ¿Cómo puedo cultivar la paciencia mientras espero Sus promesas?
- ¿Qué promesas de Dios puedo recordar para fortalecer mi fe?

- ¿Cómo ha demostrado Dios Su fidelidad en mi vida hasta ahora?
- Escribe una afirmación personal: "Confío en que Dios cumplirá…"

Palabra para tu alma (para confesar y declarar)

"Confío en que Dios cumplirá cada promesa en mi vida. Aunque no vea el cumplimiento ahora, sé que Él está trabajando detrás de escenas, guiando cada detalle para mi bien. Su fidelidad es mi esperanza y mi paz. Amén."

Oración final

Señor,

Gracias porque eres fiel y tus promesas son verdaderas. Ayúdame a esperar con paciencia y fe, confiando en que todo lo que has prometido se cumplirá en el tiempo perfecto.

Fortalece mi esperanza y haz que mi corazón descanse en tu fidelidad.

Recuérdame que Tú eres el mismo ayer, hoy y siempre, y que nada puede impedir que se cumpla lo que has dicho.

En el nombre de Jesús,

Amén.

18

NO TENGO LÍMITES PARA SOÑAR

Soñar en Dios es un acto de fe.

Los sueños nacen del corazón de Dios. En un mundo que constantemente nos dice que seamos "realistas", Dios nos invita a levantar la mirada y ver más allá de lo visible. Soñar con los planes de Dios para nosotras es creer que hay más, que no hemos visto todo, y que, con Él, lo imposible puede suceder.

Soñar los sueños de Dios trae profunda felicidad y gozo, aún más cuando estos se cumplen.

Cuando Dios planta dicho sueño en tu corazón, lo hace para ejecutar Su plan aquí en la tierra a través de tu vida.

Es una semilla divina que, con fe y obediencia, crecerá en su tiempo. No pongas límites a lo que Dios puede hacer en y a través de ti. Lo que para ti es demasiado grande, para Él es completamente posible, porque Dios no piensa en pequeño.

Dios llamó a Abraham a contar las estrellas cuando ni siquiera tenía un hijo. A José le dio sueños de gobierno cuando todavía era un joven despreciado. A María, una adolescente humilde, le confió traer al Salvador al mundo. Dios no busca personas perfectas, sino corazones dispuestos a creer en grande.

Si tus sueños parecen imposibles, estás en el camino correcto. Dios no se impresiona por lo lógico. Él se mueve por la fe.

"Deléitate asimismo en Jehová, y Él te concederá las peticiones de tu corazón." — *Salmo 37:4*

Cuando te deleitas en Dios, tus sueños se alinean con Su voluntad. Y cuando sueñas desde Su presencia, sueñas sin límites.

A veces los límites que quieren parar estos sueños no vienen de Dios, sino de nuestras heridas, fracasos o miedos. Nos convencemos de que "ya no hay tiempo", que "no somos capaces" o que "eso no es para mí". Pero la fe rompe toda barrera mental, emocional y espiritual. Con Dios, nunca es tarde, nunca es poco, nunca es imposible. ¡Rompe los límites!

"Todo lo puedo en Cristo que me fortalece." — *Filipenses 4:13*

Hoy te animo a soñar de nuevo y te pregunto: ¿Y si el primer paso hacia el cumplimiento de tu propósito fuera simplemente creer otra vez? Hoy Dios te llama a levantar la cabeza, limpiar el polvo de los sueños enterrados y volver a confiar. No te enfoques en lo que no tienes, sino en quién te llamó. Si Dios puso el sueño, también dará los recursos, las personas, las puertas y la gracia necesaria.

¡Solamente atrévete a soñar otra vez!

Análisis personal que te ayuda a vencer:

- ¿Qué sueños sientes que Dios ha puesto en tu corazón?
- ¿Hay algún pensamiento o circunstancia que te ha limitado para soñar en grande?
- ¿Cómo puedes alinear tus sueños con la voluntad de Dios?
- ¿Qué pasos prácticos puedes dar esta semana para acercarte a ese sueño?
- ¿Qué promesa de Dios puedes declarar cada día para fortalecer tu fe?

Palabra para el alma (para confesar y declarar)

"Dios no te creó para vivir limitado, sino para caminar en Sus promesas. Atrévete a soñar en grande, porque tienes a un Dios sin límites."

Oración final

Señor,

Gracias por los sueños que has depositado en mi corazón. Ayúdame a creer sin límites, a confiar en que Tú harás más de lo que puedo imaginar. Rompe todo temor, incredulidad y conformismo en mí. Alinea mi corazón contigo para soñar tus sueños. Caminaré por fe, sabiendo que contigo todo es posible.

En el nombre de Jesús,
Amén.

FE

(Inspirado en "Porque sin fe es imposible agradar a Dios" —

Hebreos 11:6)

SOMOS LAS MUJERES QUE CONQUISTAMOS
SOMOS LAS MUJERES QUE MARCHAMOS
SOMOS LAS MUJERES HOY ORANDO Y PROCLAMANDO VIDA
SOMOS LAS MUJERES GUERREANDO
SOMOS LAS MUJERES A TI CLAMANDO
JUNTAS CAMINANDO Y DECLARANDO
"ES NUESTRO DÍA"

MUJERES CON FE
FE PARA SOÑAR
UNIDAS VAMOS A VENCER Y AVANZAR

TENEMOS LA FE
DIOS TIENE EL PODER
NUESTROS MILAGROS VAN A SUCEDER
NADIE LO PODRÁ PARAR
DIOS LO CUMPLIRÁ
LO PROMETIDO ACONTECERÁ

FE PARA VOLAR
FE PARA SOÑAR
FE PARA CONQUISTAR
Y NO MIRAR ATRÁS

FE PARA VENCER
FE PARA CREER
FE PARA VER
EL MILAGRO ACONTECER

19

ABRO MIS ALAS PARA VOLAR

Mujer querida…

Has llegado hasta aquí en las páginas de este libro. Ahora, abre tus alas: es tiempo de volar.

"Pero los que esperan a Jehová tendrán nuevas fuerzas; levantarán alas como las águilas; correrán, y no se cansarán; caminarán, y no se fatigarán." — Isaías 40:31

Es tiempo de soltar y alzar vuelo, mi amada amiga.

Cuando comenzaste a leer este libro, todo parecía estancado, tu alma pesaba más que el cuerpo y el corazón estaba acostumbrado a vivir limitado por el pasado, el miedo o la decepción.

Pero a través de cada capítulo, las verdades divinas empezaron a crear fe y raíces en ti, en tu mente y corazón. Sé que esto es verdad porque la Palabra de Dios no vuelve vacía.

Fuiste confrontada, desafiada y enseñada en cada línea que tus ojos leyeron.

Recuerda, al ir concluyendo este material, que Dios no nos diseñó para vivir en jaulas espirituales. Fuiste creada para volar alto dentro de Su voluntad.

Un nuevo tiempo ha comenzado para ti, y cuando Dios marca una nueva estación, también nos da nuevas alas. Es como la historia de las águilas que se renuevan para alzar nuevos vuelos.

Volar es confiar en Dios.

Las águilas no vuelan porque tengan mapas. Vuelan porque confían en el viento. Tú puedes comenzar otra vez porque Dios está contigo. Volar no es negar el pasado, sino no dejar que te detenga. Es mirar al cielo y decir: "Señor, aquí estoy. Quiero lo nuevo que tienes para mí."

Él no te llama a sobrevivir, sino a ir de gloria en gloria y de victoria en victoria todos los días. No te llama a repetir temporadas viejas, sino a vivir algo completamente nuevo. La vida cristiana es una invitación constante a soltar el ayer y volar hacia el mañana que Dios ya preparó.

"He aquí que yo hago cosa nueva; pronto saldrá a luz; ¿no la conoceréis? Otra vez abriré camino en el desierto, y ríos en la soledad." — Isaías 43:19

Sé libre para comenzar de nuevo en cada proyecto que intentaste anteriormente y fallaste. Dios no te condena por lo que fue. Él te invita a tratar otra vez.

En Cristo, siempre hay una puerta abierta a lo nuevo. La cruz no fue el final, sino el principio de todo. Si estás respirando, entonces aún hay propósito, aún hay promesas, aún hay puertas por abrir.

No se trata de tener todo resuelto. Se trata de confiar en Aquel que sí lo tiene. Al abrir tus alas, puede que sientas el viento del temor, pero también experimentarás la fuerza del Espíritu que te sostiene.

"Donde está el Espíritu del Señor, allí hay libertad."
— 2 Corintios 3:17

No importa cuántas veces hayas caído, tropezado o dudado. Hoy puedes extender tus alas en fe y volar hacia lo que Dios te está llamando a vivir. Comienza otra vez, pero esta vez, no sola, sino tomada de Su mano.

Análisis personal que te ayuda a vencer:

- ¿Qué cosas necesito dejar atrás para volar libremente en este nuevo tiempo?
- ¿Qué temores están impidiendo que abra mis alas en fe?

- ¿En qué área de mi vida siento que Dios me está invitando a comenzar otra vez?
- ¿Qué promesas de Dios puedo abrazar para este nuevo comienzo?
- ¿Cómo puedo tomar pasos concretos para entrar en lo nuevo que Dios tiene para mí?

Palabra para el alma (para confesar y declarar)

"No naciste para quedarte en el suelo. En Dios hay nuevos comienzos, nuevas fuerzas y un nuevo tiempo. ¡Es hora de abrir tus alas y volar!"

Oración final

Señor,

Gracias porque en Ti siempre hay un nuevo comienzo. Hoy decido soltar el pasado y confiar en lo nuevo que tienes para mí. Quiero abrir mis alas y volar hacia tu propósito, sin miedo, sin culpa, sin cadenas. Renueva mis fuerzas, sana mi corazón y guíame con tu Espíritu. Declaro que es tiempo de volar alto en tu voluntad.

En el nombre de Jesús,

Amén.

SOY LIBRE

Escrita por Jeannie Lein

CD: Encuentro: Un Renacer en Dios

HE SIDO LIBRE Y RESTAURADA
DE CADENAS, DE PRISIÓN
Y MI VIDA FUE SANADA
RECIBÍ LIBERACIÓN

YA NO HAY ACUSACIÓN
Y NI MANCHA DE PECADO
OBTUVE EL PERDÓN
MI PASADO FUE BORRADO

HOY YO SOY LIBRE
PARA SOÑAR Y CONQUISTAR MUCHO MÁS ALLÁ
TENGO ESPERANZA
PUEDO VOLAR SOBRE LAS ALAS DE LA LIBERTAD

YO SOY LIBRE
COMO UN PÁJARO QUE ALZA VUELO SOBRE EL MAR
TAN LIBRE
TENGO NUEVAS FUERZAS PARA VOLVER

LIBRE
PUEDO VOLAR
SOY TAN LIBRE
PUEDO ADORAR

LIBRE
PUEDO CANTAR
LIBRE

20

ESA MUJER ERES TÚ

Si has creído las palabras de este libro, ahora eres una nueva mujer. Ya no eres la misma.

"...las cosas viejas pasaron; he aquí todas son hechas nuevas." — *2 Corintios 5:17*

Hay algo que transforma la vida de una mujer por completo: la verdad de Dios que erradica la mentira; y todo cambia.

No importa cuán rota, cansada o insegura hayas estado antes; cuando Dios te toca, te hace nueva.

Pudiste ver en las páginas anteriores que tú eres más que tus errores, más que tu pasado, más que las etiquetas que otros pusieron sobre ti. Eres una nueva mujer: valiente, fuerte, llena de fe, amada profundamente por Dios.

Descubriste que eres preciosa y hermosa.

Hoy puedes caminar con la cabeza en alto, no por orgullo, sino por identidad. Eres hija de un Padre amoroso. No estás sola y no eres invisible a Sus ojos. No eres una carga. Eres una mujer con brillo, llena de gozo y de vida, elegida y levantada por la gracia de Dios.

Esa mujer dulce y capaz… eres tú.

No hay nada que pueda detenerte porque Dios te ha creado sin límites, con un propósito gigante y un corazón lleno de sueños.

No te pongas límites. El único límite real está en la mente o en el miedo, pero Dios te llama a soñar en grande, a confiar sin reservas y a abrir tus alas para volar hacia la vida abundante que Él tiene para ti.

"Te alabaré; porque formidables, maravillosas son tus obras."
— Salmos 139:14

"Él puede hacer mucho más que todo lo que pedimos o pensamos."
— Efesios 3:20

A veces creemos que todo lo bueno quedó atrás. Pero con Dios, lo mejor no está en el pasado… está por venir.

Él no solo restaura, sino que supera. Lo que viene será más pleno, más profundo, más verdadero, porque ahora lo vivirás con Él.

No es tarde. No estás atrasada. Estás exactamente donde Dios quiere comenzar a escribir una nueva historia contigo.

Cree esto: eres una mujer vencedora. No por lo que haces, sino por lo que Dios ha hecho en ti.

¡Lo mejor comienza ya!

"En todas estas cosas somos más que vencedores por medio de aquel que nos amó." — Romanos 8:37

Análisis personal que te ayuda a vencer

- ¿Cómo me veo a mí misma ahora, después de este camino de fe y crecimiento?
- ¿Qué sueños quiero comenzar a perseguir con confianza?
- ¿Cómo puedo apoyarme en Dios para seguir adelante sin miedo?
- ¿Qué aprendí de más importante con este libro?
- Escribe una afirmación personal: "Soy esa mujer que…"

Palabra para el alma (para confesar y declarar)

"Soy una mujer nueva. Llena de fe, de valor, de propósito. Lo mejor comienza ahora, porque camino de la mano del Dios que me amó primero. Soy esa mujer que Dios soñó, sin límites para mis sueños y con alas listas para volar. No hay miedo que me detenga, ni voz que me diga que no puedo. Soy fuerte, valiente y llena del poder de Dios. Hoy me abro a su propósito y confío que Él me llevará a lugares increíbles."

Oración final

Señor amado,

Gracias porque me has creado con un propósito y me has dado sueños grandes. Hoy abro mis alas para volar en Tu poder y en Tu amor. Ayúdame a no poner límites a lo que Tú quieres hacer en mi vida. Que mi fe sea grande, mi esperanza fuerte y mi vida un testimonio de Tu gloria.

En el nombre de Jesús,
Amén.

LA MARCA DEL AMOR

(Inspirado en Cantares 8:6: "Ponme como un sello sobre tu corazón, como una marca sobre tu brazo;")

Escrita por: Jeannie Lein

CD: Mujer Completa

COMO PUEDE SER QUE ME AMES ASÍ
SIENDO COMO SOY
ME MIRASTE AQUÍ
NUNCA PODRÉ PAGAR LO QUE HAS HECHO POR MÍ

MARCADA POR TU AMOR
PERTENEZCO A TI
ME LEVANTASTE
CAMBIASTE MI SER
MI VIDA MARCASTE CON HONRA Y GRAN PODER

HOY QUIERO DANZAR, DANZAR, DANZAR
MI NOMBRE AHORA ES FELICIDAD
LIBRE YO SERÉ
YO PODRÉ CANTAR
DESEO CELEBRAR
PUEDO YO SALTAR EN TU VERDAD

VOY A RECOMENZAR CON DIGNIDAD
ALEGRE YO SERÉ
YO PODRÉ VIVIR
VUELVO A SONREÍR

LLENA DE ESPERANZA
YA NO SIENTO VERGÜENZA
QUITASTE LA MARCA DEL DOLOR
COLOCASTE LA MARCA DEL AMOR

CONCLUSIÓN

Ahora, mujer valiente, el camino está abierto para ti. Eres esa mujer que Dios soñó.

Has recorrido un viaje maravilloso que te ha recordado tu identidad en Dios y el poder que tienes en Él. Ya sabes que eres amada, preciosa, fuerte, valiente y capaz. Ahora es momento de vivirlo cada día, sin límites, con la certeza de que Dios está contigo en cada paso.

Que este libro sea solo el inicio de una vida plena y abundante; una vida donde tus sueños se crucen con la voluntad de Dios para ver realizados los planes más hermosos que fueron diseñados para ti desde la fundación del mundo.

¡Nada te detendrá! Abre tus alas, corre hacia tu destino y recuerda siempre: ¡ESA MUJER ERES TÚ!

Que Dios te bendiga, te fortalezca y te guíe.

Con mucho amor…

Jeannie Lein

"Este libro es una celebración de la resiliencia de las mujeres y su capacidad de transformación. Cada capítulo desafía a los lectores a liberarse de las expectativas sociales, las heridas emocionales y las creencias limitantes, y en su lugar, abrazar la fuerza, la gracia y el propósito que provienen de una profunda conexión con Dios. Desde comprender la verdadera belleza y fortaleza hasta cultivar la alegría, Esa Mujer Eres Tú ofrece una guía para vivir una vida sin límites. —
Pr. Henry Lein

Esa Mujer Eres Tú de Jeannie Lein es una invitación sincera para que cada mujer redescubra su valor divino y viva con valentía en la plenitud del amor de Dios. A través de una combinación de reflexiones personales, sabiduría bíblica y canciones originales, Jeannie anima a las mujeres a verse a sí mismas como Dios las ve: preciosas e irremplazables.
— Pr. Emilly Amanda

"En Esa Mujer Eres Tú, Jeannie Lein lleva a los lectores en un viaje transformador, empoderando a las mujeres para que abracen su verdadera identidad y vivan una vida de propósito basada en la fe. A través de historias personales, enseñanzas bíblicas y canciones originales, Jeannie comparte el profundo mensaje de que cada mujer es creada de manera única por Dios, llena de fuerza, belleza y un potencial ilimitado." — Pr. Melodi Janet

"Lleno de aliento, sabiduría práctica y visión espiritual, Esa Mujer Eres Tú es más que un libro; es un llamado a vivir plenamente, a soñar sin límites y a brillar intensamente como las mujeres que siempre debimos ser." — Deborah Hannah

www.ingramcontent.com/pod-product-compliance
Lightning Source LLC
Chambersburg PA
CBHW061653120626
46550CB00003B/929